仕事の基本をひとつひとつわかりやすく。

BUSINESS ONE BY ONE

［監修］株式会社Woomax パートナー講師　松本 昌子

Gakken

はじめに

現代は、環境の変化が激しく、先行きが不透明で、将来の予測が困難な「VUCAの時代」と呼ばれています。VUCAとは、「Volatility（変動性）」「Uncertainty（不確実性）」「Complexity（複雑性）」「Ambiguity（曖昧性）」の４つの単語の頭文字をとった造語です。

とくに私たちの働く環境では、技術革新のスピードが速く、DX（デジタルトランスフォーメーション）による業務の自動化などが日々進展しています。また、顧客ニーズは多様化と個別化が進み、刻々と変わる需要に柔軟に対応していかなければなりません。さらには、新型コロナウイルスのパンデミックに続き、昨今の大型地震の頻発など、何が起こるかわからない状況下にあります。

そうした環境において、「これさえあればどんな仕事にも対応できる！」といった知識やスキルなどはありません。まずは仕事の基本をしっかりと身につけたうえで、目まぐるしく変わる時代や社会、業界、仕事などのさまざまな情報を的確にとらえ、自分の知識やスキルを磨いていく必要があります。

本書では、そうした変化の激しい環境で働くための土台となる“仕事の基本”を解説したものです。仕事の準備から始まり、職場での振る舞い方や自己管理の方法、仕事の進め方、コミュニケーションツールの使い方、さらには今後さらにステップアップして働いていくための仕事の考え方まで、あらゆる角度から“仕事”に焦点を当て、具体例と図を豊富に盛り込み、ていねいに紹介しています。

仕事では、まず基本をしっかりと押さえたうえで、状況に合わせて臨機応変に対応していくことが求められます。そのためにも、常に学び続ける姿勢が大切です。最初はうまくいかないことが多いかもしれませんが、結果をきちんと検証し、改善策を考え、それを次の仕事に生かしていくことで成長につながります。そして、同僚や先輩、上司、チームのメンバーと協力し合いながら、大きな仕事を成し遂げていくことを目指しましょう。これから成長し、活躍するみなさんにとって、本書がその一助となることを願ってやみません。

株式会社Woomax　松本昌子

本書の特長

◎見開き完結でわかりやすい！

本書では、1つのテーマが見開きにまとまっています。左ページではそのテーマのポイントをわかりやすく解説しています。右ページでは、「パッと見てわかる！図解まとめ」があり、図や表を使って関連する情報をまとめています。

◎ポイントが明確！

各テーマの冒頭には、「ここがポイント！」のコーナーを設けており、そのテーマでとくに重要なポイントを紹介しています。解説を読む前にあらかじめポイントを押さえられるので、効率よく学習を進められます。

◎一生役立つ仕事の参考書

本書では、「身だしなみ」や「話し方・聞き方」などの基本から、「タイムマネジメント」や「業務効率の改善」などの業務に直結するアドバイスまで幅広く紹介しています。本書で身につけた知識は一生役に立つでしょう。

CONTENTS

3章 働き方と自己管理の基本

CONTENTS

CONTENTS

1章

仕事を始める前の準備（身だしなみ・言葉遣い）

第一印象に配慮する

1 最初によい印象を与えて仕事を進めやすくする

2 視覚情報が第一、見た目に気を配る

1 最初によい印象を与えて仕事を進めやすくする

「第一印象」とは、初めて対面したときに相手があなたにもつ印象のことです。**対面してから３～５秒で決まり、後々まで相手の評価に影響する**といわれています。これには、オンラインにより画面上の映像でやり取りをする場合も含まれます。最初がよい印象なら後々まで「感じのいい人」と思われ、反対に悪い印象なら「嫌な感じの人」という印象が続いてしまうこともあるのです。

また、あなたのイメージは、あなた自身だけではなく、あなたが所属している**組織全体のイメージととらえられてしまう**ことがあります。取引先の担当者と初めて会うときは、第一印象に気を配りましょう。

最初によい印象をもってもらうと、相手は「あなたと一緒に仕事がしたい」などと、**前向きで積極的な気持ち**になり、仕事が進めやすくなります。反対に印象が悪いと、やり取りに消極的になり、仕事も進めにくくなるかもしれません。

2 視覚情報が第一、見た目に気を配る

人の印象は、「ノンバーバル（非言語）」の要素が大きく影響するといわれます。ノンバーバルには、表情や服装などの視覚情報、声の大きさや話すテンポなどの聴覚情報などがあり、とくに視覚情報が印象を大きく左右します。話をしなくても、**表情や服装などの見た目で印象が決まってしまう**こともあり得るのです。

学生時代とは異なり、ビジネスとしてやり取りをする相手には、さまざまな年齢層の人が含まれ、あなたの好みで選ぶことができません。表情や立ち居振る舞いなどは、今日からでも改善できます。幅広い世代の人によい印象を与えられるような表情や立ち居振る舞いを意識してください。

パッと見てわかる！ 図解まとめ

非言語（ノンバーバル）の要素が印象を決める

ワンポイント アドバイス

メッセージを伝えるときは話す内容に表情や態度を一致させる

話したい内容（メッセージ）を表情や態度、声のトーンなどと一致させて話すようにすれば、メッセージが相手に伝わりやすくなります。たとえば、相手に感謝の気持ちを伝えたいなら、笑顔の表情とともに「ありがとう」と言います。「ありがとう」と言いながら無表情だったり怒った顔だったりすると、相手は「本当に感謝しているのかな？」と疑ってしまうでしょう。

身だしなみはビジネスの第一歩

❶ 身だしなみは相手のために整える

❷「清潔感がある」「動きやすい」「TPOに合わせる」が基本

❶ 身だしなみは相手のために整える

「身だしなみ」とは、相手に不快感を与えないように服装などを整えることを意味します。おしゃれが自分のために行うものとすれば、**身だしなみは相手によい印象を与えるために行う**ものといえます。

仕事は1人で完結することは少なく、同じチームのメンバーや上司、他部署の同僚、取引先の担当者などと関わりながら進めていきます。**周囲の人と気持ちよく仕事をする第一歩**として身だしなみに気を配り、相手に安心感と信頼感をもってもらえるようにしましょう。

❷「清潔感がある」「動きやすい」「TPOに合わせる」が基本

ビジネスの服装といえば、スーツをイメージする人が多いでしょう。服装が決められている組織もありますが、最近はオフィスカジュアルを取り入れている職場も少なくありません。身だしなみに明確な決まりはありませんが、必要なことは、「清潔感がある」「動きやすい」「TPOに合わせる」の3つです。

清潔感がある：周囲から見て清潔に感じられる、服にシワがない、香水が強くない、髪がボサボサでない、など。

動きやすい：仕事に支障がない、活動しやすい、集中できる、サイズや素材が合っている、環境に合わせて調整できる、など。

TPOに合わせる：時(Time)・場所(Place)・場面(Occasion)に合う、職場の環境や雰囲気になじむ服装やメイク、など。

自分で身だしなみができているかどうかの判断がつきにくければ、同僚や先輩に聞いてみるとよいでしょう。

パッと見てわかる！ 図解まとめ

身だしなみのチェックポイント

- □清潔感のある髪型（寝癖がついていない、不自然な色でない）
- □指先の手入れができている
- □ボタンをとめている（腕まくりなどをしていない）
- □服に汚れやシミがない
- □ポケットに物を入れすぎていない
- □名札や社章などが裏返ったり傾いたりしていない
- □靴が汚れていない、かかとがすり減っていない

ワンポイント アドバイス

オフィスカジュアルは先輩や同僚を参考に

オフィスカジュアルは組織によってOK・NGの線引きがさまざまです。クリエイティブ系やIT系では、ポロシャツにジーンズやスニーカーといった服装が許容されているケースもあります。大切なのは職場の雰囲気に合ったコーディネートを心がけることです。服装の自由度が高い職場ほど、周囲にどう見られているかを意識したいもの。組織内では許されている服装でも、取引先では違和感をもつ人がいるかもしれません。取引先への訪問や来客、急な会食などの機会に備え、シンプルなジャケットやネクタイを職場に置いておくとよいでしょう。

LESSON 03 ビジネスに即応するための持ち物

❶ 小物で重視するのは「清潔感」「機能性」「調和」

❷ どんな状況でも仕事に対応できる準備

❶ 小物で重視するのは「清潔感」「機能性」「調和」

ビジネスで携帯する小物も、身だしなみの一部です。シワの寄ったハンカチや擦り切れた財布などを使っていると、あなた自身もだらしなく見られてしまう可能性があります。服装と同様､小物にも**清潔感が必要**とされます。「他人が見たらどう感じるか」を考え、必要に応じて買い換えも検討します。

また、仕事で頻繁に使うものなので、**良質・丈夫で、機能性に優れたもの**がよいでしょう｡ビジネスバッグなどは軽量で容量の大きいものが使いやすいです｡**ビジネスシーンにふさわしく､自分の服装と調和した､落ち着いた色やデザイン､素材のもの**を選びましょう。

❷ どんな状況でも仕事に対応できる準備

ビジネスでは**どんな状況でも素早く仕事に対応できる**よう、必要な持ち物を準備しておくことが大切です。たとえば、外出中に取引先から電話がかかってきたり、電車内で企画のアイデアを思いついたりしたときでも、すぐにメモをとったりメールをしたりできる態勢を整えておきましょう。

日常的に使う小物：手帳、メモ帳、ペン、付箋、クリアファイル、名刺入れ、カードホルダー、腕時計、スマートフォン、ノートパソコンなど。

突然の事態に備えるIT類：モバイルバッテリー、接続ケーブル、USBメモリ、イヤホン、タブレット端末など。

重要な身の回り品：身分証明書(社員証など)、財布、定期券など。

エチケットの必需品：ハンカチ(複数)、ポケットティッシュ、マスク、目薬、リップクリーム、手鏡・ヘアブラシ、エコバッグなど。

パッと見てわかる！ 図解まとめ

携帯が必要な主な持ち物

ビジネスバッグ

A4サイズの書類が入る大きさの自立型がおすすめ。トート、ショルダー、バックパックで使い分けられる3WAYも許容されてきている

バッグ内の小物の定位置を決めておくと、探すときに手間取らない。小物を整理して収納できるバッグインバッグを活用しよう

携帯する主なエチケット品

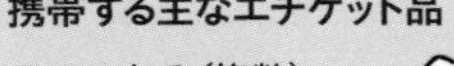

- □ ハンカチ（複数）
- □ ポケットティッシュ
- □ マスク
- □ 目薬
- □ リップクリーム
- □ 手鏡・ヘアブラシ
- □ エコバッグ

ハンカチは常に携帯し、毎日取り替える

いざというときに持っておきたい小物

- □ 折りたたみ傘
- □ 予備のネクタイ
- □ 予備のストッキング

折りたたみ傘は、晴雨兼用が重宝する。予備のネクタイやストッキングを持っておくと安心

挨拶とお辞儀は率先して行う

1. 挨拶をしてコミュニケーションを活発にする
2. 正しいお辞儀で適切に気持ちを伝える

❶ 挨拶をしてコミュニケーションを活発にする

「挨拶」という言葉には、「自分の心を開いて相手に一歩近づく」という意味があります。つまり、**挨拶は自分からするもの**です。反対に相手から挨拶をされて返すのは「返事」です。自分から積極的に挨拶をすることを心がけましょう。

あなたから率先して挨拶をすると、それがきっかけとなり、お互いに話しかけるハードルが下がって、**コミュニケーションがとりやすくなります**。さらに、職場のコミュニケーションが活発になり、職場の風通しがよくなって、チームワークが高まることにつながっていきます。

仕事をするうえではチームワークを発揮し、メンバー同士が協力し合いながら仕事を進めて、大きな成果に結びつけることが必要不可欠です。メンバー同士が協力し合うために、活発なコミュニケーションの第一歩として、まずは積極的な挨拶を心がけましょう。

❷ 正しいお辞儀で適切に気持ちを伝える

組織外の人にも積極的に挨拶をしましょう。来客の際は、あなたのお客様でなくても挨拶をします。そうすることでコミュニケーションのとりやすい雰囲気をつくり、お客様にも自然な態度で接してもらうことを促すことができます。

挨拶とともに重要な動作が「お辞儀」です。お辞儀は**敬意や感謝、謝罪といった気持ちを表す**ために行います。あなたの気持ちが適切に相手に伝わるよう、正しいお辞儀の動作を理解しておきましょう。お辞儀には「同時礼」と「分離礼」があります。同時礼は、お辞儀をしながら挨拶をする略式礼です。分離礼は、挨拶をしてからお辞儀をするもので、よりていねいな動作とされます。

パッと見てわかる！ 図解まとめ

職場内での挨拶の基本

自分から率先して、明るくはっきりと挨拶をする

日常的に使われる挨拶のフレーズ

出勤時：「おはようございます」
外出時：「○○社へ行ってまいります、15時頃に戻ります」
帰社時：「ただいま戻りました」
退勤時：「お先に失礼いたします」

受け応えに使う挨拶のフレーズ

外出する人へ：「いってらっしゃい」
帰社した人へ：「お帰りなさい」「お疲れ様です」
退勤する人へ：「お疲れ様でした」
お客様の来社時：「いらっしゃいませ」「お待ちしておりました」

その他の基本フレーズ

何かをしてもらったとき：「ありがとうございます」「恐れ入ります」
お願いするとき：「よろしくお願いいたします」
用件を受けるとき：「かしこまりました」
謝罪するとき：「申し訳ありません」「失礼いたしました」
お客様への挨拶：「いつもお世話になっております」
入室や退室など：「失礼いたします」

お辞儀の種類

会釈　**敬礼（普通礼）**　**最敬礼**

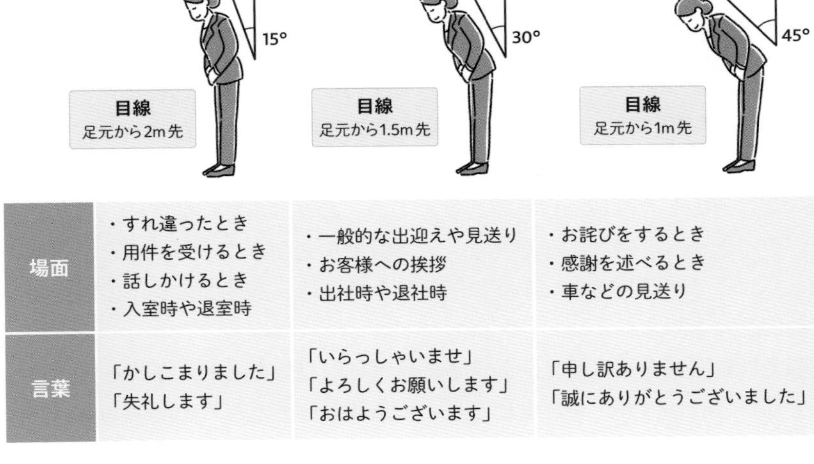

	会釈	敬礼（普通礼）	最敬礼
場面	・すれ違ったとき ・用件を受けるとき ・話しかけるとき ・入室時や退室時	・一般的な出迎えや見送り ・お客様への挨拶 ・出社時や退社時	・お詫びをするとき ・感謝を述べるとき ・車などの見送り
言葉	「かしこまりました」 「失礼します」	「いらっしゃいませ」 「よろしくお願いします」 「おはようございます」	「申し訳ありません」 「誠にありがとうございました」

LESSON 05

明るい表情や立ち居振る舞い

ここがポイント！

1 明るい表情で接しやすい雰囲気をつくる

2 好印象を与える立ち居振る舞いで積極的に行動する

1 明るい表情で接しやすい雰囲気をつくる

身だしなみと同様、あなたの印象に影響を及ぼす視覚要素に「表情」「姿勢」「立ち居振る舞い」があります。どれだけ身だしなみを整えても、表情が暗く姿勢が悪いと、相手は近寄りがたい印象をもちます。日頃から明るい表情や爽やかな笑顔などで相手に接することを意識しましょう。

明るい表情や笑顔をつくるのは「目」と「口」です。ポイントは相手と目線を合わせ、口角を上げること。表情豊かな目元と口元をつくるために、普段から顔を動かすように心がけ、目と口の周りの表情筋を鍛えておきましょう。また、「心」も表情を左右します。仕事中は意識して前向きな気持ちに切り替えましょう。

2 好印象を与える立ち居振る舞いで積極的に行動する

立ち居振る舞いとは、人と接するときの身のこなしや日常的な動作、態度のことです。立ち居振る舞いもあなたの印象に影響を与えます。「この人とは安心して仕事ができそう」と**相手に好印象を与える立ち居振る舞いを心がけましょう。**

あなたがそのとき感じたり考えたりしていることは自然と態度に出ます。たとえばプライベートで嫌なことがあり、その気持ちを引きずっていると、表情が暗くなったりイライラしたりします。そうした態度は、周囲の人を不安な気持ちにさせることがあります。

仕事では気持ちを切り替え、前向きに仕事に取り組むことに意識を向けましょう。そうした心がけが、キビキビとした積極的な態度となり、周囲も気持ちよく仕事ができるようになるという、よい循環を生み出していくのです。

パッと見てわかる！ 図解まとめ

明るい魅力的な表情

目線を合わせる

目元に笑み
楽しいことや好きなものを思い浮かべるように

口角を上げる
目が笑うと口角も上がってくる

鏡で笑顔の練習をしよう

笑顔で「ウイスキー」
「い」の発音がポイント。鏡に向かって魅力的な笑顔が自然にできるよう練習する

眉を上げ下げ
眉の動きでさまざまな表情になる。眉の上げ下げで表情が豊かになるようトレーニング

好印象を与える立ち居振る舞い

立つ

- □ 背筋を伸ばし胸をはる
- □ 足を揃える
- □ 目線を相手に向ける
- □ 手先まで意識する

座る

- □ 背中を丸めず胸をはる
- □ 背もたれに寄りかからない
- □ 浅く腰かける（呼ばれたらすぐに立ち上がるため）

歩く

- □ 肩の力を抜く
- □ 軽く腕を振る
- □ つま先は進行方向に
- □ 足を引きずらない

手の動作も注意

方向を指すときは、指をまっすぐ揃え、手のひら全体で方向を示す。また、物を受け渡すときは、相手が受け取りやすいように向きを変えて渡す（両手で渡すのが基本）

活気ある職場をつくる挨拶·会話

❶ さまざまな人に挨拶をして活気を出す

❷ 共通の話題で和やかなやり取りを交わす

❶ さまざまな人に挨拶をして活気を出す

活気のある職場はコミュニケーションが盛んです。LESSON04でも触れましたが、挨拶はコミュニケーションの基本であり、お互いに声を出して挨拶をすることで、会話をするきっかけにもなります。

気持ちのよい挨拶は相手の印象に残るもの。面識がない相手にも元気よく挨拶をしましょう。他部署の従業員や同僚の顧客、ビルの管理業者の人などにも率先して挨拶をすることで、活気のある職場づくりに貢献することができます。また、あなた自身の人脈を広げることにもつながるかもしれません。

❷ 共通の話題で和やかなやり取りを交わす

エレベーターや出先などで職場の人に会ったとき、何を話していいかわからないことがあるかもしれません。どんなときでも、**挨拶から会話に入るのがスムーズ**です。ただし、エレベーター内では黙っていることがマナーとされます。ボタンの前にいたら相手の降りる階を聞いてボタンを押す、相手が降りるときは扉を押さえるなど、相手の行動に意識を向けてフォローするとよいでしょう。

出先で職場の人に会った場合は、共通の話題から入ると安心です。たとえば、仕事の場合なら「先日の出張はいかがでしたか」などと相手の近況を聞くのです。**プライベートの話題でも、本人が職場で情報を開示している範囲で尋ねるのはOK**です。逆に、あなたから「先週のプレゼンはご協力のおかげでうまくいきました」などと最近の出来事を伝えてもよいでしょう。ただし守秘義務を考慮し、公の場で組織の内部情報などの話は控えるように気をつける必要があります。

パッと見てわかる！ 図解まとめ

シーンに応じた挨拶・会話

上司と一緒に歩くとき

上司のやや後ろを歩くのが基本。
案内が必要なときは前に出る

職場の人とすれ違うとき

足を止めて会釈をし、明るい表情で挨拶をする

職場の人とエレベーターに乗り合わせるとき

軽く会釈をしてエレベーターに乗る

エレベーターの立ち位置

操作ボタン

新人のうちは積極的に操作ボタンの前に立って操作をする

雑談の話題の例

季節や天候の話題

「暑くなってきましたね。夏季休暇のご予定はお決まりですか？」

「急な雨になりましたね。
最近は晴雨兼用の折りたたみ傘を用意しているんです。便利ですよ」

共通の趣味の話題

「先週、サッカーを観に行ってきたんです。逆転勝ちで興奮しました！」

共通の仕事の話題

「先日のプレゼン、先輩のアドバイスでうまくいきました。ありがとうございます！」

「先日の会議の議事録をまとめたのですが、ご確認いただけますでしょうか？」

相手が開示している情報

「ご家族で旅行にいらっしゃったそうですね。この時期、紅葉がきれいですよね」

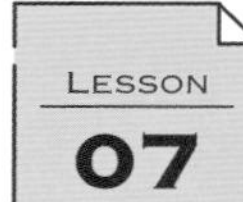

敬語で相手に敬意を払う

ここがポイント！

❶ 基本的な敬語を使うようにする

❷ 状況に応じて使い分け、使いすぎないように注意する

❶ 基本的な敬語を使うようにする

表情や挨拶とともに、**「言葉遣い」は相手にどんな気持ちで接しているかを表す重要な要素**です。とりわけ敬語には、自分が敬意を払っていることを、会話を通じて相手に伝える役割があります。無理やり堅苦しい表現を使おうとする必要はありませんが、基本的な敬語は押さえておきましょう。

敬語には、尊敬語、謙譲語Ⅰ、謙譲語Ⅱ（丁重語）、丁寧語、美化語の５種類があります。なかでも尊敬語と謙譲語Ⅰ・Ⅱは、自分と相手の関係を理解していることを伝えるものです。**使い方を誤ると失礼な表現になる**ので注意しましょう。

❷ 状況に応じて使い分け、使いすぎないように注意する

基本的には相手への敬意を表すため、相手を高めるのが「尊敬語」、自分を低くするのが「謙譲語」です。そして上下関係は表さず、対等な立場でていねいに表現するのが「丁寧語」です。

敬語は**状況によって使い分ける**ことが必要です。たとえば、組織内では上司に尊敬語を使いますが、顧客などの前で上司に尊敬語を使うと、顧客と上司を同等に扱うことになります。そのため、顧客の前では、上司はあなたと同じ組織の一員ととらえ、上司の動作や状態には謙譲語を使います。

また、相手への敬意を表そうとして、二重敬語や、言葉尻ごとに「〜して／させていただく」などを付けるのは避けましょう。回りくどい表現は、かえって伝えたい内容がわかりにくくなります。あくまで**内容をきちんと伝えることが重要**です。敬語の使いすぎに注意しましょう。

パッと見てわかる！ 図解まとめ

敬語の種類

尊敬語	相手を高い位置に置いて敬意を表す。相手の動作や状態に付ける	・居る／行く／来る→いらっしゃる／おいでになる ・言う→おっしゃる／言われる ・会う→お会いになる ・聞く→お聞きになる ・与える→賜る／くださる ・する→なさる／される ・見る→ご覧になる ・食べる→召し上がる ・知っている→ご存じ
謙譲語Ⅰ	自分をへりくだり、相手に敬意を表す。自分の状態や動作に付ける	・言う→申し上げる ・会う→お目にかかる ・聞く→拝聴する／伺う ・行く／来る→伺う／参る ・見る→拝見する ・食べる→いただく／頂戴する
謙譲語Ⅱ（丁重語）	自分の行為・ものごとを丁重に表す	・言う→申す ・する→いたす ・居る→おる ・知っている→存じ上げる／存ずる
丁寧語	相手と対等の立場ではあるものの、ていねいな気持ちを表す	・言う→言います ・～です ・来る→来ます ・～ございます
美化語	単語に「お」「ご」を付けることで美化する	・住所→ご住所 ・食事→お食事 ・電話→お電話 ・家族→ご家族

敬語で表す自分と相手との関係

お客様には
尊敬語

自分には
謙譲語

尊敬語
相手を高めて敬意を表す
・～れる、～られる
・お／ご～になる

丁寧語
対等の立場でていねいさを表す
・です
・ます

謙譲語
自分を低くし敬意を表す
・お／ご～する（謙譲語Ⅰ）
・お／ご～いたす（謙譲語Ⅱ）

間違えやすい表現

×「あちらでうかがってください」　○「あちらでお尋ねください」
×「お客様が申された」　○「お客様がおっしゃった」
×「あちらにおられます」　○「あちらにいらっしゃいます」

内部 尊敬語を使って上司を高める

外部 上司に謙譲語を使って顧客を高める

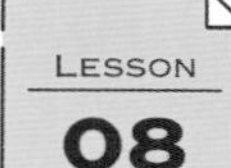

相手が受け入れやすい言葉遣い

❶ 言いにくいことにはクッション言葉を使う
❷ 正しい言葉遣いは使いながら覚える

❶ 言いにくいことにはクッション言葉を使う

「クッション言葉」とは、**ストレートに伝えるときつい印象を与えかねない内容をやわらげる働きをもつ言葉**のこと。文字どおり、ふんわりとしたクッションのような存在の言葉です。

ビジネスでは、「断る」「依頼する」「催促する」といった目的で、言いにくいことを伝えなければならない場面があります。そんなときにクッション言葉を使うことで、**できるだけ相手を不愉快な気持ちにさせないようにして、自分の意図や要求などを伝えることができます。**

❷ 正しい言葉遣いは使いながら覚える

可能の意味の「られる」の「ら」を抜いた「ら」抜き言葉や、「〜のほう、よろしかったでしょうか？」などのマニュアル接客言葉などが日常で使われることがありますが、正しい言葉遣いとはいえません。ビジネスではできるだけ使わないようにしましょう。こういった説明をすると、どんな言葉遣いが正しいのかわからなくなってしまう人もいるかもしれません。だからといって、覚えるまで会話を避けるというのは非現実的です。であれば「習うより慣れろ」です。**実際に使いながら覚えていくのが、適切な言葉遣いをマスターする近道**です。

周囲の人が使っている言葉やフレーズに耳を傾け、よい表現と思ったら、それを自分が話すときに積極的に使ってみましょう。もし間違っていたら、上司や先輩に指摘してもらい、修正しながら覚えていけばよいのです。重要なのは相手を思いやる気持ちをもってコミュニケーションをとること。その気持ちがあれば、言葉遣いが少し不得手でも関係を深めていけるでしょう。

パッと見てわかる! 図解まとめ

クッション言葉の例

お願いするとき 質問をするとき	申し訳ありませんが〜 お手数ですが〜 差し支えなければ〜	恐れ入りますが〜 お手を煩わせますが〜 よろしければ〜	恐縮ですが〜
断るとき	あいにくですが〜 申し上げにくいのですが〜	せっかくですが〜 残念ながら〜	誠に恐縮ですが〜 お気持ちはありがたいのですが〜
何度もお願いするとき	重ね重ね申し訳ありませんが〜	たびたびお手数をおかけしますが〜	

クッション言葉を入れて命令形を依頼の表現に変換

△

命令形で伝える

命令されたように感じて「待つのか!」と不愉快に感じる人もいる

○

依頼の表現で伝える

丁重にお願いされたように感じ「待ってあげようか」という気持ちになる

間違えやすい言葉遣い

「ら」抜き言葉

可能の意味の「られる」から「ら」を取って使う間違った用法

× 食べれる → ○ 食べられる
× 見れる → ○ 見られる

「さ」入り言葉

使役の意味の「〜させる」に謙譲表現を付けるとき、「〜させていただく」を使う間違った用法

× 見させていただく → ○ 見せていただく
× 読まさせて → ○ 読ませて

マニュアル接客言葉

方向や過去形などを入れる間違った用法

×「〜のほう、〜でよろしかったでしょうか?」
○「〜は、〜でよろしいでしょうか?」

二重敬語

敬語を重ねて使う間違った用法

× おっしゃられる → ○ おっしゃる
× お見えになられる → ○ お見えになる

ワンポイント アドバイス

「〜させていただく」を多用しない

自分の行動に対し、謙遜の意味で「〜させていただきます」を多用する人がいますが誤った使い方をしていることも多いようです。正しくは、たとえば相手の許可がいるとき、「こちらの契約書をコピーさせていただきます」と使います。

Column 好感をもたれる自己紹介

背筋を伸ばしてハキハキと話す

社会人になると意外と多いのが、自己紹介をする機会です。入社後に組織内で行う自己紹介を皮切りに、新しい配属先での挨拶や、取引先に対しての新人紹介、ビジネス交流会での職業の説明など、さまざまな場面で自己紹介を求められることがあります。

自己紹介はあなたの第一印象を決める要素となります。身だしなみを整え、表情や姿勢、態度などに気を配りましょう。自己紹介をするときは、背筋を伸ばし、顔をしっかりと上げ、相手に目線を向けながら話します。相手が聞き取りやすい速さで明るくハキハキと話し、語尾まできちんと発声しましょう。

表情は爽やかな印象を与えられるよう、口角を上げ、笑顔をつくります。手は前で組み、落ち着いた態度でゆったりと構え、頭を動かしたり上体を揺らしたりしないようにしましょう。

自分の特徴を端的に伝える

相手が知りたいことは、「一緒に仕事をする人がどんな人なのか」ということ。これを念頭に置きながら、あなたの特徴などを端的に伝えましょう。

自己紹介の流れとしては、最初に「このたび、○○社の営業部に配属されました高橋美咲と申します」などのように、あなたの所属する組織名や部署名、名前を述べてお辞儀をし、自分の特徴やアピールポイントなどを話します。そして、最後に「よろしくお願いいたします」などと挨拶を述べ、お辞儀をして締めます。最後の挨拶とともに仕事に対する意欲などを表明してもよいでしょう。

特徴やアピールポイントなどは場面によって使い分けます。自分の得意分野や、学生時代の研究テーマ、最近関心をもっている話題、取得を目指している資格、今後実現したいことなどを業務に関連付けて話すと効果的です。あまり長々とした話にならないように、端的に要点を絞って伝えます。ネガティブに受け取られそうな話題は避けましょう。

自己紹介の時間の目安は、場面によりますが、おおよそ1分程度です。いくつかのテーマを準備しておき、場面によって使い分けましょう。

2章

職場での
振る舞い方の基本

組織や従業員の役割を理解する

1 組織のなかでの自分の役割を理解する
2 関係する人や組織を意識して仕事を行う

1 組織のなかでの自分の役割を理解する

企業などの組織は、企業理念などに掲げる目標を達成するため、**業務を円滑に進められるように構成されています**。なかでも最も多い組織構成は「階層型組織」です。経営陣を頂点とし、権限の大きい順に部署や従業員を配置する組織構成で、営業部や開発部などの専門分野ごとに分ける「機能型組織」、東京支店や大阪支店などの支店ごとに分ける「エリア型組織」などがあります。近年は管理層を排除し、階層をできるだけ簡素化した「フラット型組織」も増えています。

組織のなかでは、責任の範囲によって役職が決められ、業務内容や経験などによって役割が変わってきます。企業であれば、事業を通じて社会に貢献し、利益を上げることが求められます。そのために、**個々の従業員は自分の役割を理解する**必要があります。**チームワークを生かして働くのが職場という環境**なのです。

2 関係する人や組織を意識して仕事を行う

組織の外にも目を向けてみましょう。たとえば企業には、自社の製品やサービスを提供し、その対価を受け取るお客様が存在します。製品やサービスを提供する際も、自社のみで成り立っているのではなく、原材料を調達する企業や、製品などを輸送する企業と連携することで、事業を行うことができるのです。

あなたの仕事には、こういった**さまざまな人や組織が関わっていることを念頭に置いておきましょう**。どのような人や組織にも役割や関係があり、１つの仕事が成り立っています。それらの役割や関係を俯瞰してとらえながら、その先の人や組織へよりよい仕事を届けようとすることで、仕事への責任が生まれ、周囲との良好な関係が築かれ、より質の高い仕事ができるようになるのです。

パッと見てわかる! 図解まとめ

代表的な組織構成

階層型組織

代表取締役（CEO：最高経営責任者）を頂点に配置し、その下に権限の大きい順に「本部」→「部」→「課」→「係」のように階層構造で部署やグループを配置していく

フラット型組織

トップから従業員までの階層が２〜３層と少なく、小規模の企業や、起業したばかりの企業に多い。意思決定や情報共有が早く、従業員が自発的に行動でき、環境の変化に対応しやすい

組織における従業員の主な役割

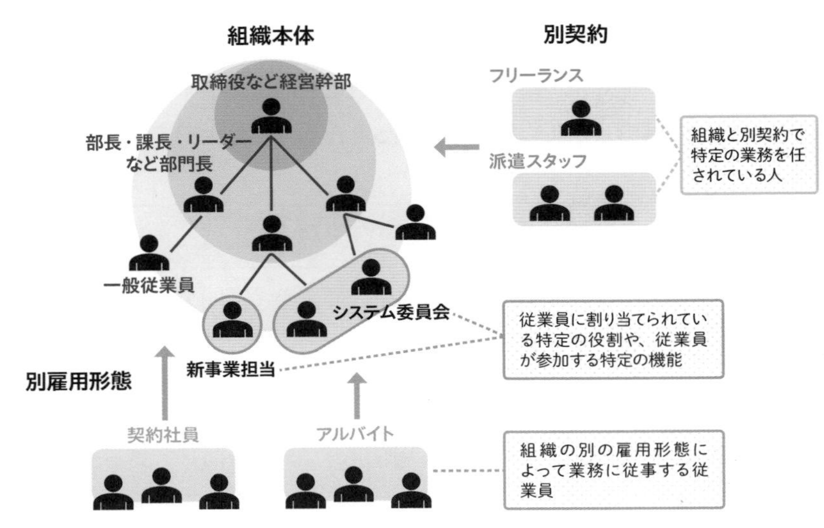

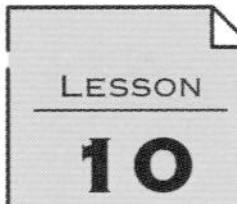

職場のルールに従って調和を図る

ここがポイント！

1 チームの調和を考慮してルールに従う

2 職場のルールと一般的なマナーを使い分ける

1 チームの調和を考慮してルールに従う

職場には、労働条件や就業規則などとは別に、**暗黙のうちに定着している独自のルール（慣習）が存在する**こともあります。そうした職場のルールには、仕事の効率性や職場の規律性、コミュニケーションのとりやすさなどにより、時間を経て定着したものが多いといえます。守らないと罰則があるというわけではありませんが、職場のルールに従って行動し、思いやりをもって相手に接することで、相手からも思いやりのある行動が返ってきたり、人間関係がよくなったりして、仕事がしやすくなることが期待できます。

まずは一般的なマナーを身につけることが重要ですが、職場独自のルールがないかどうか、上司や同僚に確認してみましょう。できればルールが成り立った経緯まで聞き、その合理性を理解します。そのうえで、職場でチームワークを発揮できるように、職場のルールに**積極的に従ってみることが大切**です。

2 職場のルールと一般的なマナーを使い分ける

職場のルールは、慣習として定着しているので、あえて明文化されていないこともあります。新しい職場では周囲をよく観察し、仕事の進め方などを一つひとつ確認していきましょう。そうすれば、「どこまで許容されるか」などに悩む必要がなく、職場のルールの範囲内で自分の能力を発揮できるようになります。

ただし、職場のルールは、あくまで職場限定の「当たり前」であることも理解しておきましょう。一般的なビジネスマナーとの違いを押さえたうえで、**職場では職場のルールを優先し、職場から一歩出たら一般的なビジネスマナーに合わせる**という柔軟さを備えておくことも大切です。

パッと見てわかる！ 図解まとめ

職場にあるルールの例

身だしなみ

- □ 服装は自由だが清潔感のあるものを
- □ トップスは襟付きのものを
- □ ボトムスはジーンズはNG
- □ 髪の色やアクセサリーは派手にしない
- □ 派手なネイルアートは控える
- □ 無精髭は生やさない

その他・業務中

- □ 職場で個人のスマートフォンを使用してはならない
- □ 持ち回りでお昼の電話番をする
- □ 外出するときは外出先と戻り予定時刻をホワイトボードに記入する
- □ 備品は事前に申請してから購入する

出勤・退勤

- □ 遅刻や欠勤などは始業５分前までに電話で連絡
- □ 最初の出勤者は共有機器の電源を入れる
- □ 最後の退勤者は共有機器の電源を落とす

会議・打ち合わせ・外出

- □ 会議資料は前日までに配布
- □ 書記は議事録を参加者に送る
- □ 外出時はホワイトボードに帰社予定時刻を書く。時刻を過ぎそうなときは電話連絡

エコ・掃除

- □ 社内資料の印刷は両面印刷が基本
- □ 共有スペースは気づいた人が机や棚の拭き掃除をする

LESSON 11 メンバーの関係を正しく認識する

❶ 管理者である上司への確認や報告も仕事

❷ 先輩や同僚には仕事として相談を持ちかける

❶ 管理者である上司への確認や報告も仕事

「上司」とは、あなたが所属する**チームの管理や評価などを任されている人**のことです。チームの目標を達成するために、仕事やメンバーを管理する役割を担っていますが、同じチームで働く従業員という立場は同じです。

上司は「先生」ではありません。チームの管理者として指示や命令を出すことはあっても、常にあなたの一挙手一投足を見守り助言を与えてくれるわけではありません。**わからないことは、あなたから上司に確認して指示を仰ぐ必要がある**のです。同時に、上司がチームを管理できるように、指示や命令を出された業務の進捗について、あなたから上司に適宜、報告する義務があります。

❷ 先輩や同僚には仕事として相談を持ちかける

「先輩」は、同じチームメンバーの一員であり、上司のような管理者の役割はありません。あなたより**経験は豊富ですが、従業員としての立場は同じ**です。一緒に進めている仕事のことであれば、先輩に相談するのがよいでしょう。ただし、先輩の仕事に差し障りがないように配慮が必要です。また、先輩が関わっていない仕事の相談は必要性を吟味してから持ちかけましょう。

「同僚」とは、あなたと同程度の経験をもったメンバーのことです。そのため、同僚には仕事の相談がしやすいですが、あくまでチーム内の関係であり**「友人」ではないので、ビジネス上の節度を保った態度を心がけてください。**

「上司」「先輩」「同僚」のそれぞれの関係において、仕事で必要な確認や相談をすることは、あなたの仕事であり役割です。それぞれの関係に配慮しながらも、受け身にならず積極的にコミュニケーションをとることが大切です。

パッと見てわかる！ 図解まとめ

チームで働くメンバーの関係

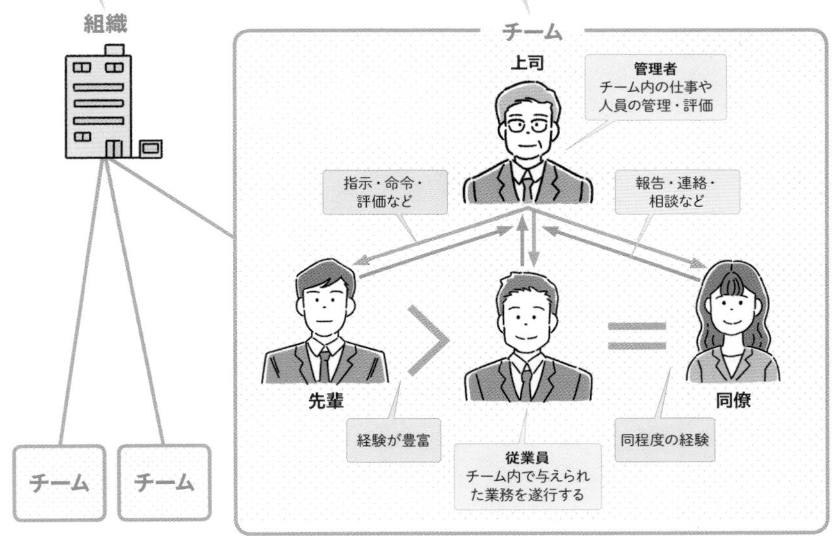

ワンポイント アドバイス

組織の利益はどこから生まれる？

チームで日々仕事をしているなかで、自分の属する組織から給与をもらえることに、それほど疑問をもたないかもしれません。しかし、その給与は組織が事業活動を通じて得た利益から支払われています。その利益は、サプライチェーンも含めて外部の協力業者と一緒に開発・製造したモノやサービスがお客様（顧客）に届き、対価が支払われることで生まれます。「LESSON09 組織や従業員の役割を理解する」でも触れたように、あなたのチームの仕事が取引先（顧客・外部業者など、取引を行っている相手）や社会とつながっていることをいつも意識しておきましょう。

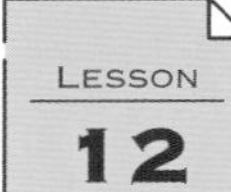

相手に伝わるように話す

1. 相手に配慮して誠実にていねいに話す
2. 相手の状況を見極めてサッと話しかける

1 相手に配慮して誠実にていねいに話す

ビジネスでは、仕事の進捗を報告する、会議で意見を述べる、取引先にサービスの提案をするなど、さまざまな場面で「話す」ことが求められます。どんな場面でも「**相手に配慮し、誠実にていねいに話すこと**」が基本。「うまく話そう」とするのではなく、必要な情報を順序立てて話すことを心がけましょう。そのためには、話す前に頭のなかで、話す情報と順番を考え、話す内容の大筋を組み立てておくと安心です。話をしているうちに、伝わっているかが不安になることもありますが、内容の大筋を組み立てておくことで、相手に伝わりやすくなります。

また、話す姿勢や声のトーンなども、**「相手に伝えることも仕事」と考え、理解しやすく話すことに集中**しましょう。

2 相手の状況を見極めてサッと話しかける

上司や先輩に報告や相談があるものの、話しかけてよいかどうか迷うことがあるでしょう。こちらの都合で話しかけるときは、まず話しかけてよい状況かどうかを見極めます。見極めが難しいときは、「今、お時間よろしいでしょうか？」などと言って相手に状況を聞くとよいでしょう。都合がよければ話を聞いてもらえますし、悪ければ「忙しいから午後にして」などと都合のよい時間を教えてもらえることもあります。相手に遠慮するあまりに状況を確認しないのは時間のロスにしかなりません。サッと話しかけてみましょう。

そして、時間をとって話を聞いてもらったときは、感謝の気持ちを忘れず、話が終わったらお礼を述べましょう。こうして**コミュニケーションをとっているうちに、相手に話しかけるタイミングや方法もわかってくる**ようになります。

パッと見てわかる! 図解まとめ

話すときの基本姿勢

話す前に、話す情報と順番を考え、話す内容の大筋を組み立てておく
結論 → 理由 → 改善案 など

目線
- 相手の目から少し下、鼻や口元を見る
- 話の区切りに、相手の目を見る

表情
基本は明るい表情。重要な内容は真剣な表情にするなど、話に連動させる

声
- ゆっくり、はっきりと話す
- 明るく落ち着いたトーンが基本
- 相手との距離で声の大きさを調節

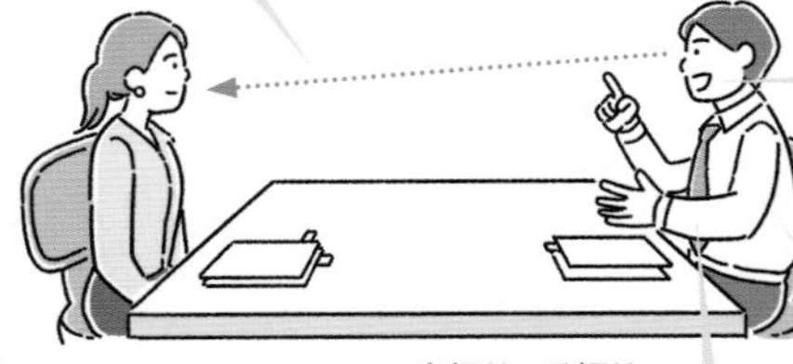

言葉遣い
- 正しい敬語を使う
- かしこまりすぎない言い回し

話し方
相手に配慮し、誠実・ていねいに集中して話をすることが基本

身振り・手振り
話の内容をイメージしやすいよう、ときどき身振りや手振りを交える

姿勢
- 相手側に体を向け、姿勢を正す
- 相手側に少し前かがみになる

持ち物

伝え忘れのないように、話すことを手帳やメモ帳にまとめて持参する。メモ帳は、相手からの意見やアドバイスを聞き取るときにも使える。

身だしなみ

清潔感のある装いを心がける。話しかける前に服や髪などに乱れがないかを確認しておく。

声のかけ方の例

相手に直接聞くとき

内山課長、お忙しいところ恐れ入ります。取引先への訪問の件でご報告があるのですが、10分ほどお時間よろしいでしょうか?

クッション言葉(P.25参照)を活用する

用件と時間(相手が判断できる情報)を伝える

話をする時間を予約するとき

内山課長、お仕事中、失礼いたします。本日の訪問についてのご報告があるのですが、ご都合のよろしいときに10分ほどお時間をいただけないでしょうか?

声かけを控えるとき

次のようなときは急ぎの用件や込み入った作業の最中である可能性がある。緊急の場合を除き、様子を見てから声をかけよう。

- 計算などでせわしなく手を動かしているとき
- 出社や帰社の直後
- 外出や退勤の直前

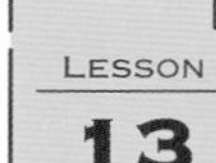

相手の意図や要求を正確に聞く

1 関心をもって聞いていることを示す

2 声をかけられたら素早く応じる

1 関心をもって聞いていることを示す

話すことと同様、「聞く」こともビジネスで日常的に行うことです。コミュニケーションとは双方向で意思疎通を行うことであり、聞き手には話し手の**話す内容や意図をきちんと受け止め、理解しようとする姿勢**が求められます。相手の話を正確に聞き、即座に仕事に反映すれば、仕事の効率も高まります。

・1対1で聞くとき

聞くときも相手に配慮し、誠実に集中して聞くことが基本です。話に関心があること、**理解できていることを相づちなどで示していきましょう**。途中で口を挟まず、いったん最後まで聞くことも大切です。

・会議の参加者として聞くとき

会議でも基本は同じです。**発言者に体を向け、共感する場面で軽くうなずく**などの動作を積極的に行い、関心をもって聞いている姿勢を表しましょう。

2 声をかけられたら素早く応じる

上司や先輩などから声をかけられたときは、急ぎの仕事がない限り素早く応じましょう。話の要点を書き留めるためにメモ帳とペンを持って上司や先輩のもとへ向かいます。**ミスをしたあとの注意や指示などは「成長を期待されている証拠」**と前向きにとらえましょう。話が終わったら、お礼を述べて感謝の気持ちを表します。

どうしても緊急の仕事などですぐに対応できない場合は、「申し訳ありません。今、手が離せないのですが、10分後でもよろしいですか？」などと代案を示し、相手の意向を確認するとよいでしょう。

パッと見てわかる！ 図解まとめ

聞くときの基本姿勢

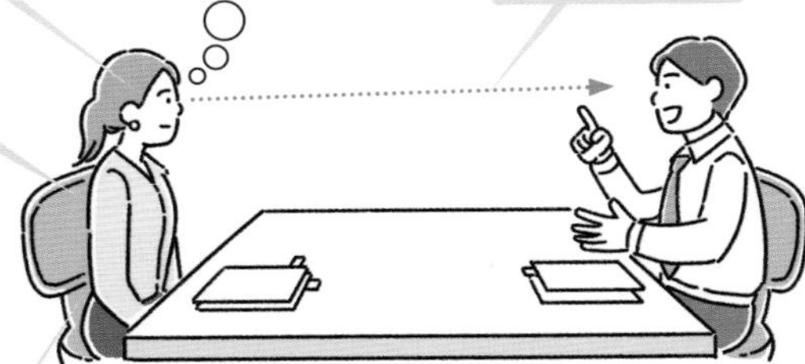

表情

基本は明るい表情。表情豊かに相手の話を聞く

態度

・相づちを打つ、うなずくなど、話に関心があることを示す
・驚いたときや興味深いときなどに身振り手振りでリアクション

言葉遣い

正しい敬語を使う

姿勢

・相手側に体を向け､姿勢を正す
・相手側に少し前かがみになる

目線

相手の表情を見る

聞き方

相手の話の要点や意図などを正確に受け取れるように集中して聞く

持ち物

重要なことを書き留めておくために手帳やメモ帳とペンを持参する。

相づちや応答の例

相づちの例

「はい」
「ええ」
「そうですね」
「確かに！」
「おっしゃるとおりです」
「わかります」

話を促す質問をする

「そのとき、どのように対応されたのでしょうか？」

苦労話を聞いたとき

「それは大変でしたね」
「それはつらいですね」

やってはいけない聞き方

・パソコンを見ながらなどの「ながら聞き」
・相手に体を向けない
・顔を見ないで聞く
・同じ相づちばかり打つ
・話の腰を折り、自分の話や意見を述べる
・「そうでしょうか？」などの否定的な言葉を返す
・相手がまだ話そうとしているのに、話を切り上げようとする

聞き方のステップアップ

・相手が話した内容を繰り返し(オウム返し)、内容を理解していることを伝える

・相手のペースに合わせて共感を示す
相手の話し方や呼吸、声の大きさ、話す速さなどのペースを同じにする

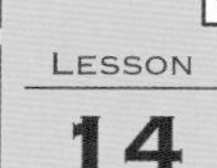

LESSON 14 お礼や返事をきちんと言う

❶ 些細なことでもお礼を言う習慣をつける
❷ 素早く元気よく返事をして意思表示をする

❶ 些細なことでもお礼を言う習慣をつける

「お礼」とは、何かを**してもらったことに対して感謝の気持ちを表すコミュニケーション**のひとつです。職場では、従業員がお互いに協力しながら、さまざまな仕事を進めています。そのため、些細なことでも、してもらったことにお礼を言い合うことで、ビジネスが円滑に進むようになるのです。

「ありがとう」などのお礼の言葉は、職場に前向きな力をもたらします。「新人だから教えてもらって当然」などと考えず、仕事でアドバイスをもらったり回覧を受け取ったりしたときに、積極的に感謝の気持ちを伝えましょう。

対面で助けてもらったら口頭、メールで助言をもらったらメール、というように、基本的には**相手との接点に合わせてお礼を言います**。ただし、「チャットやSNS→メール→電話→口頭」の順に礼儀を重んじる度合いが強くなるので、感謝の気持ちをきちんと伝えたい場合は、口頭で伝えるとよいでしょう。

❷ 素早く元気よく返事をして意思表示をする

「返事」は、相手の呼びかけに対して応える言葉で、「聞いています」「理解しています」という意思表示の意味もあります。返事がなければ、相手は自分の声が聞こえていないか、「聞いていない」という意思表示と受け取り、後者の場合はネガティブな印象をもつでしょう。

返事は、すぐに返せるコミュニケーションともいえます。声をかけられたときには忙しくても元気に返事をしましょう。それがきっかけになり、**コミュニケーションが活性化**します。声かけに応じて「はい」「ありがとうございます」「かしこまりました」などの返事を使い分け、細やかなやり取りを心がけましょう。

パッと見てわかる！ 図解まとめ

お礼がもたらす効果

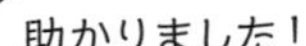

お礼の効果

感謝の気持ちをもつことで、"幸せホルモン"とも呼ばれるオキシトシンの分泌が活発になり、集中力の向上やストレスの軽減など、心身にさまざまなプラスの作用を生み出すとされている

相手、自分、周囲がお礼を言うことで、
- リラックス効果が高まる
- ストレスが軽減される
- 免疫力が向上する など

自分が感謝の気持ちをもとうと心がけることで、
- 相手の長所やよい行動が目に入るようになる
- ポジティブな気持ちになることが多くなる

相手に感謝され、お礼を言われることで、
- 自信がつき、やる気が高まる
- 「認めてもらえた」「役に立てた」と感じられる

職場やチーム全体の
- コミュニケーションが円滑になる
- お互いを認め合い、人間関係が良好になる
- 仕事のパフォーマンスが向上する

お礼や返事の例

お礼を言うシチュエーション
- アドバイスをもらったとき
- 業務を手伝ってもらったとき
- 書類をもらうなど日常的なこと
- 訪問先でお茶を出されたとき など

返事の言葉
- **名前を呼ばれたら**
  作業はいったん中断し、相手に顔と体を向けるようにする。離れた場所から呼びかけられたときは、相手のところまで行く
  「はい」「ただいま参ります」
- **指示や依頼を受けたら**
  「承知しました」「かしこまりました」

お礼のステップアップ
- **あとからお礼を伝えるとき**
  お礼を言うタイミングを逃してしまったときは、軽く前置きをして伝える
  「あのときは助かりました」
  「ようやくひと段落ですが、内山さんにサポートしていただいたおかげです」
- **具体的な内容を伝える**
  「率直なアドバイスをいただき、見直す点がわかりました」
  「おかげで緊張が解けました」
- **謝罪の代わりに使う**
  何かしてもらったとき、謝るのではなく「ありがとうございました」と伝える

問題を起こしたら誠実に謝る

1 自分の責任を認めて迅速に謝罪する

2 経緯と対応策、改善策を考えて報告する

1 自分の責任を認めて迅速に謝罪する

仕事をしていれば、ミスやトラブルは大なり小なり起きてしまうものです。大切なのは、ミスやトラブルを起こしたら、すぐに上司や同僚などの関係者に報告し、謝罪をすること。「誰の何が原因か」「どう立て直すか」などを考えて**自分を正当化しようとせず、まずはきちんと謝りましょう**。

上司や先輩などの経験のある人から見れば、新人のとる行動はおおよそ予測がつくもの。「誰にも影響がない些細なミス」と自分で判断し、何事もなかったように見せようとしても気づかれてしまいます。ミスに気づいた時点で素早く事態を認識し、関係者に誠実に謝ることが大切です。そうすることで、あなた自身は**「ミスを迅速に報告する人」として信頼されるようになります**。また、上司や先輩からはミスやトラブルへのアドバイスを得られやすくなるでしょう。

2 経緯と対応策、改善策を考えて報告する

謝罪をするとき、ただ「申し訳ありません」とお詫びを言うだけでは、「謝れば済むと思っている」ととらえられてしまうかもしれません。問題を起こしたときは素早く謝ることも重要ですが、以下の２点を関係者に伝えることも大切です。これらをよく考え、誠実に謝罪をすることで、相手はあなたが深く反省していることを受け止めてくれるでしょう。

・**問題が発生した経緯を説明**し、自分の責任を認めて謝罪する
・自分の考える**現状の対応策と今後の改善策**を伝えて関係者の指示を仰ぐ

このように、問題から目を背けず、経緯を客観的に振り返り、冷静に解決策を考えることで、自分の成長にもつながります。

パッと見てわかる！ 図解まとめ

謝罪の姿勢と流れ

謝罪の姿勢

お詫びの気持ちを言葉に乗せるように、ゆっくりとした口調ではっきりと言う。個人のミスでも組織全体に影響を与えることととらえ、相手の立場に立ち、誠実に謝る

謝罪の基本的な流れ

最初にきちんと謝る

「高柳部長、申し訳ありません、実は先日に提出した見積りの金額が間違っておりました。大変申し訳ありません」

▶

経緯や原因を説明する

「おそらく、類似案件と同様の単価と勘違いをしており、資料を再度、確認しなかったためと思われます」

▶

対応策と改善策を言う

「先方には誤りであることを伝え、再度見積りを提出しようと思います。今後は提出前に再度確認し、先輩にも見てもらうようにします」

謝罪の例

謝罪の言葉の例

「今回の○○は、私の注意不足で誠に申し訳ありません」
「納期が遅れてしまいましたこと、深くお詫びいたします」
「欠損を発生させてしまいまして、お詫びの申し上げようもありません」
「資料のチェックが不十分だったと反省しております」
「岡田様には、大変ご迷惑をおかけいたしました」
「今後はこのような不手際がないよう、十分に注意してまいります」

やってはいけない謝り方

×「○○すべきでした」
反省のつもりが言い訳に聞こえてしまう
○「原因は○○することを怠ったためです」

×「林さんに言われたとおりにやったのですが」
指示した人のせいにしていると受け取られる
○「私の理解が足りずに申し訳ありません」

×「古川さんに伝えたつもりだったのですが」
伝えた人のせいにしていると受け取られる
○「私の伝え方がわかりにくくご迷惑をおかけして申し訳ございません」

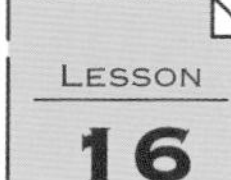

気配りで仕事を円滑に進める

❶ 先の展開を見据えて行動する

❷「観察」「分析」「行動」で成果につなげる

❶ 先の展開を見据えて行動する

職場では、多くの人が協力し合いながら仕事を進めているため、「気配り」ができることが、あらゆる局面で重要な意味をもちます。気配りとは、**さまざまな「人」や「こと」に配慮し、先の展開を見据え、ものごとがスムーズに進むように行動する**こと。気配りができれば、職場でのコミュニケーションが活発になり、お互いの作業に気を遣うことで、仕事が円滑に進むようになります。また、ミスやトラブルも未然に防ぐことができ、たとえ起こっても問題解決に向けて迅速に対応できます。他にも、**取引先の望むことを見越して行動することで、相手に喜ばれて受注が増えるなど、成果につながりやすくなります。**

❷「観察」「分析」「行動」で成果につなげる

具体的には次のことを意識し、気配りの効果を高めていきましょう。

観察：さまざまな人や作業、進捗などに意識を向け、状況を把握する

分析：観察した状況を俯瞰して整理し、先の展開を予測する

行動：予測した展開に対し、最善と思える行動をとる

大切なのは、相手とコミュニケーションをとりながら行動すること。よかれと思って行動しても、**相手が望んでいないことであれば、かえってトラブルを招いてしまう**こともあります。相手とコミュニケーションをとりながら予測の精度を上げ、的確に行動することで、より高いレベルの成果をもたらすのです。

個人の観点でも、気配りをすることは相手から信頼感を得られやすく、評価が高まったり仕事を任されたりすることにつながります。また、先を見通すマインドが身につくことで、自分の仕事も円滑に進められるようになるでしょう。

パッと見てわかる！ 図解まとめ

気配りのメリット

相手の状況を把握して最善の行動をとる

気配りの実践

- メンバーの状況や仕事の進捗などを把握（観察）
- 先の展開を見据える（分析）
- ものごとがスムーズに進むように動く（行動）

職場全体のメリット

- 職場でのコミュニケーションが活発になり、作業を協力し合うことができる
- お互いの作業に気を遣うことで、仕事が円滑に進む
- ミスやトラブルを未然に防ぐことができ、問題解決にも迅速に対応できる
- 相手に喜ばれて受注が増えるなど、成果につながりやすい

個人のメリット

- 相手から信頼感を得られやすい
- 相手との関係がよくなり評価が高まる
- 相手に喜ばれ、任せられる仕事が増える
- 提案が通りやすくなる
- 先を見通すマインドが身につく
- 自分の仕事も円滑に進められるようになり、成果につながりやすくなる

気配りの流れ

観察　さまざまな人や作業、進捗などに意識を向け、状況を把握する

（例）・先輩が朝から頻繁に出入りし、今も長電話をしている
・10分後に緊急会議が始まる
・会議の資料は今朝配布された

分析　観察した状況を俯瞰して整理し、先の展開を予測する

（例）・急なトラブルがあったのかも……
・先輩はおそらく資料に目を通していないだろう
・先輩は会議に出られるだろうか？
・自分は今、余裕がある

行動　予測した展開に対し、最善と思える行動をとる

（例）・会議が始まることを伝え、手伝えることを聞く
・会議資料の要点を簡単に確認できるメモをつくる
・先輩と一緒にトラブル対応をする

Column コンプライアンスの意識をもつ

自分事としてコンプライアンスの意識をもつことが重要

社会人には常に「コンプライアンス」を意識して行動することが求められます。コンプライアンスとは、組織や個人が法令やルール、社会規範などを守ること（法令遵守）を意味します。組織内の就業規則や服務規程だけではなく、組織外のエチケットやマナーなどに従うことも含まれます。

組織の規程に従って仕事をしていれば、コンプライアンス違反を起こさないというわけではありません。問題と気づかないうちに違反を起こしてしまうケースもあります。あらかじめ「どんなケースが想定されるか」をしっかりと把握しておき、コンプライアンス違反により「組織や個人がどんな損害を受けるか」を理解しておきましょう。違反にあたるかどうかに迷ったら、上司に相談するようにします。日常的な業務からコンプライアンスの意識を強くもって仕事をすることが大切です。主なコンプライアンス違反のポイントは以下のとおりです。

・**情報漏えい**

スマートフォンやパソコンの置き忘れ、メールの誤送信などで情報漏えいにつながるケースがある。組織の信用を著しく低下させる。

・**内部不正**

結果をよく見せようとしてデータの改ざんなどを行ってはいけない。組織の信用問題に関わる。

・**ハラスメント**

相手の尊厳や人格を傷つけることをしない。組織の倫理観が問われる。

情報漏えいを起こさないように注意する

コンプライアンス違反で従業員が起こしやすい代表的なものとして情報漏えいがあります。各プロジェクトの機密情報はもちろん、仕事をするなかで知った情報やノウハウなどを、関係のない人に話したりプロジェクトと無関係のことに使ったりしてはいけません。また、組織外では仕事の話を避ける、コワーキングスペースではパソコンやスマートフォンの画面を他人に見られないようにするといった配慮が必要です。メールに限らず、仕事の情報を扱う際は、常に細心の注意を払うようにしましょう。

3章

働き方と
自己管理の基本

1日の仕事の流れを確認する

ここがポイント！

❶ 1日のゴールを決めてから作業を始める

❷ 仕事の進め方を工夫する

❶ 1日のゴールを決めてから作業を始める

日々の業務には、個別に行う作業のほか、チームミーティング、部署やプロジェクトの会議、電話やオンラインでの交渉、取引先への訪問、来客への応対、チーム全体で行う作業など、さまざまな種類のものがあります。

始業後はまず、チーム内や部署内でミーティングを行い、**各メンバーのその日に行う作業や予定などを確認**してから、それぞれの作業に移ることが多いです。そして、ミーティングで確認した作業を終業時間まで進めていくことになります。作業の進捗に応じて、上司から指示を受けたり、作業の結果を報告したり、メンバー間で進め方を打ち合わせたりすることもあります。また、**仕事中にかかってくる電話は積極的にとり、そのつど応対**しましょう。

❷ 仕事の進め方を工夫する

１日の業務では、プロジェクトの会議や取引先への訪問、来客への応対など、**予定されているイベントが基本的に優先**されます。そうしたイベントは前もって１日のスケジュールに組み込んでおきましょう。また、**複数人で協力して進める作業**などがある場合は、周囲の迷惑にならないよう、自分の作業の進行を調整し、早めに提出できるようにします。

一方で、リフレッシュの時間も大切です。お昼の休憩はしっかりととり、作業の合間にも適度に気分転換をするとよいでしょう。集中力を持続するため、ある程度のまとまりで作業を区切って休憩を挟むなど、進め方を工夫します。

終業時間になったら、その日に行った仕事の振り返りをしましょう。終業前にチーム内で、仕事の成果を確認するミーティングを行うこともあります。

パッと見てわかる！ 図解まとめ

1日の仕事の流れの例

出勤

始業に合わせて出勤

- 上司やメンバーなどへの挨拶
- 朝のルーティン
- デスクや共有スペースの整理整頓

始業時刻から仕事を始められるよう余裕をもって出勤する

始業

1日の仕事の流れを確認

- その日に行う作業のリストアップ
- その日の仕事の進め方を検討
- 作業を行うための必要な準備

その日の作業をリストアップし、仕事の流れを考え、必要な準備を行う

午前の作業

割り当てられた作業を実行

- 考えた進め方に沿って作業を実行
- 適宜、社内会議、電話の応対、取引先への訪問、来客への応対

午前は、企画書の作成やプロジェクトの体制の構築など、創造性や発想力が必要とされる仕事に向いている

お昼休憩

午後の作業

割り当てられた作業を実行

- 午前の進捗に応じて作業の軌道修正
- 適宜、社内会議、電話の応対、取引先への訪問、来客への応対

午後は、データ入力や議事録の作成など単純作業に向いている

終業

1日の仕事の振り返り

- 上司やメンバーに進捗を報告
- 計画どおりに実行できたかチェック
- 作業の改善点の洗い出し

その日に行った作業を振り返り、改善点などを考え、翌日につなげる

退勤

後片付けをして退勤

- 上司やメンバーへ声かけをして、手伝う作業がないか確認
- デスクや共有スペースの後片付け

上司やメンバーの作業にも気を配り、協力できることがあれば手伝う

仕事の種類と特徴

●1人で行う仕事

- デスクワーク、パソコンワーク、アポイントメントなど

> - 自分のペースで仕事ができる
> - 締め切りや提出期限を考慮してペース配分を決める

●チーム内で行う仕事

- チームミーティング、チームのメンバーとの共同作業など
- 進捗に合わせて報告や相談、プロジェクトの打ち合わせなど

> - メンバーとの連携が必要な作業はチームのスケジュールを優先

●外部との仕事

- 取引先との商談など

> - 予定した日程で資料などの準備
> - 会社の代表として行動

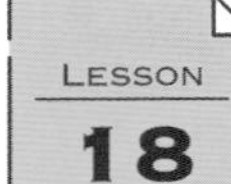

LESSON 18 仕事の段取りを考える

ここがポイント！

1 挨拶やルーティンで１日を始める

2 優先順位を明確にする

1 挨拶やルーティンで1日を始める

「始業時刻」とは、オフィスに入る時刻ではなく、**仕事を開始する時刻**のことです。始業時刻から仕事を始められるよう、余裕をもって出勤しましょう。

仕事は挨拶(P.16参照)から始まります。出勤したらまず、上司やメンバーに挨拶をしましょう。軽い雑談などでコミュニケーションをとっておくと、その後に作業の確認や相談などがしやすくなります。

また、デスクや共有スペースなどは常に整理整頓を行い、仕事に集中しやすい環境を整えましょう。始業前に**ルーティンで行うことを決めておく**のもおすすめです。業界新聞を読む、企画の情報収集をする、新着メールをチェックする、昨日の売上データを確認する、コーヒーを飲むなど、毎日決まったことを行うことで、仕事モードに切り替えやすくなります。

2 優先順位を明確にする

始業後はまず、**１日の仕事の流れを把握**します。チームミーティングがある場合は、その日の重要事項、メンバーの作業や予定などを確認し合います。そして、その日に割り当てられた作業や、予定されているイベント、期限が決められているプロジェクトなどをリストアップし、**それらを俯瞰して、どんな流れで進めると効率的かを考える**のです。

その日の作業はその日のうちに終わらせられるよう、段取りを考えます。そのためには**優先順位をつけ、前もって必要な準備を行う**ことも求められます。退勤間際に慌てることのないよう、余裕をもった仕事の流れを検討しましょう。

また月曜日の朝には、１週間の見通しをざっと立てておくことも大切です。

パッと見てわかる！図解まとめ

出勤したら行うこと

挨拶から仕事を始める

出勤したら、元気よく挨拶をすることから始めよう。社長や上司をはじめ、チームのメンバーなどへの挨拶や声かけは自分から行う。廊下などですれ違った他部署の従業員にも挨拶をしよう。

始業前のルーティンを決める

- 業界新聞を読み、業界の動向を把握する
- インターネットで企画のアイデアの情報収集をする
- メールチェックをし、即対応するメールと、そうでないものなどを仕分ける
- 昨日の売上データをチェックし、仕事のヒントを見つける
- コーヒーを飲んで気持ちを切り替える

仕事の進め方を考える手順

行う作業のリストアップ	チームミーティング	優先順位の確認	作業の流れの検討	作業に必要な準備
手帳などにその日に行うべき作業をすべて挙げる	その日の重要事項、メンバーの作業や予定などを確認し合う	リストアップした作業それぞれの優先順位を確認する	作業の優先順位をもとに、作業を行う順番や進め方を考える	作業を行うために必要な準備や関係者への連絡などを行う

優先度の高い仕事を終わらせるために

- 事前準備を怠らない
- 周囲に報告・連絡・相談を適宜行い、自分1人で抱え込まない
- 1日の終わりに業務を振り返り、改善点を翌日に生かす

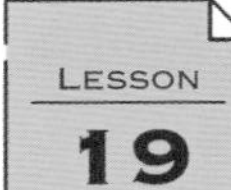

LESSON 19 退勤前に1日の振り返りを行う

❶ 1日の仕事の成果を確認し、振り返りを行う

❷ 1日の成果を報告する

❶ 1日の仕事の成果を確認し、振り返りを行う

その日に割り当てられた仕事は、その日のうちに終わらせるのが原則です。なるべく**不必要な残業は避け、終業時刻に終えられる**ように仕事の進め方を考えましょう。どうしても仕事が終わらない場合には、**早めに上司に相談し、残業してよいかどうかを確認**します。残業が承認制になっていたり禁止されていたりする組織もあるので、自分の判断で残業をしないようにしましょう。

退勤前には1日に行った仕事の結果を確認し、**翌日の仕事の流れをイメージ**しておくことが大切です。出勤後に考えた段取りで実行できたか、想定した時間で各作業を終わらせられたか、進め方で改善できる点はないかなどを確認することで、翌日の仕事がスムーズに進むようになります。作業の取りこぼしなどにも気づくことができるでしょう。

❷ 1日の成果を報告する

組織内の業務は、自分1人で完結するものではありません。組織で請け負ったプロジェクトを実現させるために、チームのメンバーと協力しながら、さまざまな作業を分担しています。したがって、「自分の作業が終わればよい」という認識ではいけません。組織全体やプロジェクト全体の業務を仕事ととらえ、自分の作業が終わったら成果を報告し、**他に手伝える作業がないかどうかを確認**します。

退勤前には後片付けも大切です。**仕事で使ったデスクや共有スペースなどの整理整頓**を行い、翌日もすぐに仕事が始められるように整えておきます。また作業中の書類などは、引き出しなどにきちんとしまいましょう。その後、朝と同様、社長や上司、メンバーなどに「お先に失礼します」と挨拶をして帰ります。

パッと見てわかる！ 図解まとめ

終業時に行うこと

上司への報告

上司に仕事の進捗を報告し、終了の見込みや残業の要否などを伝える

メンバーへの報告

メンバーに仕事の進捗を報告し、作業に必要な情報などを共有する

他の作業がないかの確認

上司やメンバーに声をかけ、他に手伝える作業がないかを確認する

デスク周りの整理整頓

- 仕事で使った筆記用具や書類、備品、飲み物のカップなどを片付ける
- 重要書類などを引き出しにしまう
- 退社したことがわかるようにしておく

共有スペースの整理整頓

- 作業机やOA機器などの書類やごみなどを片付ける
- 給湯室が汚れていたらきれいにする

チームで決められた当番などを行う

- ごみ収集やコピー用紙の補充など、持ち回りの当番を行う

終業時刻までに仕事が終わらなかったとき

残業は基本的に行わない前提で効率的に仕事を進め、作業時間を正確に見積もることを心がける。
どうしても残業や期限の変更が必要な場合は、右のような表現で早めに上司に相談をする。

- 「申し訳ございません。○○の仕事を本日中に終わらせたいので２時間ほど残業してもよろしいでしょうか？」
- 「申し訳ございません。明日、提出予定の○○の件ですが、期限を１日延ばしていただけないでしょうか？」

仕事の振り返りの手順

行った作業の結果を確認 ▶ **各作業の時間と段取りの確認** ▶ **作業の改善点の洗い出し** ▶ **チームミーティング** ▶ **翌日の仕事をイメージ**

- 行った作業の結果を確認：作業の進捗と品質などを確認し、漏れがないかをチェック
- 各作業の時間と段取りの確認：時間内に終わったか、流れに問題がなかったかなどを確認
- 作業の改善点の洗い出し：翌日に改善すべきことがないかを考え、優先順位なども確認
- チームミーティング：メンバーの作業の進捗や結果、翌日の予定などを確認し合う
- 翌日の仕事をイメージ：翌日にどんな流れで作業を進めるかをイメージしておく

テレワークで生産性を高める

❶ オン・オフを工夫して切り替える
❷ オフィス以上に綿密にコミュニケーションをとる

❶ オン・オフを工夫して切り替える

テレワークとは、ICT（情報通信技術）を使い、**オフィスから離れた場所で仕事をする働き方**のことです。2020年のコロナ禍以降、多くの組織で導入が進みました。オフィスに出勤しなくてよいので、通勤時間を短縮できたり、働く場所を選べたりするなど、**時間と場所を有効に活用できる**という利点があります。

テレワークは、仕事と生活のバランスをとって柔軟に働ける半面、仕事と生活の切り替えが難しいといえます。そのためテレワークでは、オフィスで働くときより**オンとオフの切り替えを強く意識**する必要があります。たとえば、勤務時の服装を替える、時間をタイマーで区切る、仕事部屋を物理的に設けるなどの工夫が必要です。また、自宅で作業に集中できない、気分転換が難しいなど、性格的な向き・不向きもあるかもしれません。どうしても向いていないと感じたら、上司に相談し、オフィス勤務を中心とした働き方に変えてもらうことも検討します。

❷ オフィス以上に綿密にコミュニケーションをとる

テレワークでは、オフィスから離れた場所で働くことで、**あなたの仕事の状況が上司などから見えにくくなります**。そのため、作業量が多くて仕事を管理できなくなったり、わからないことが出てきて作業につまずいたりしても、上司が気づいてくれることが少なくなります。また、仕事の合間に気軽に雑談をするのが難しく、孤独感をもつこともあるかもしれません。そのため、**オフィスで働くときより綿密にコミュニケーションをとる**ようにしましょう。ビジネスチャットやオンラインミーティングなどのコミュニケーションツールを活用し、あなたから積極的に仕事の進捗や悩み事などを発信していくことが大切です。

パッと見てわかる！ 図解まとめ

テレワークの注意点

コミュニケーションがとりづらい

・上司やメンバーと気軽に会話ができない

・オンラインでの会話は、表情や感情、考えなどを汲み取りにくい

コミュニケーションを活発にする方法

・リフレッシュを兼ねて、1日に何度かメンバーとチャットで雑談をする

・オフィスより挨拶・報告・連絡・相談をこまめに行う

テレワークの注意点

運動不足になりやすい

・通勤が不要で、外出をしなくなりやすい

・ずっと同じ姿勢で働き続け、足腰に負担がかかる

モチベーションが低下しやすい

・仕事と生活をうまく切り替えられない

・上司や先輩などが周囲にいないので、気が緩む

運動不足を解消する方法

・短い休憩を入れて椅子から立ち、軽い運動やストレッチをする

・朝やランチタイムに散歩をするなど、「動く行動」を意識的に取り入れる

・椅子の座り方を工夫し、足腰に負担がかからないようにする

モチベーションアップの方法

・ポモドーロ・テクニック（下記）を活用する

・お昼休憩をしっかりとり、メリハリをつける

・「仕事以外で仕事部屋に入らない」などのルールを決め、生活と線引きをする

・チーム内に働き方のルールをつくる

ワンポイント アドバイス

テレワークでおすすめの時間管理術

時間管理術のひとつに「ポモドーロ・テクニック」と呼ばれる、タイマーを活用して仕事と休憩を切り替える方法があります。たとえば「25分仕事」「5分休憩」と時間配分を決めたら、1日の仕事を25分に収まるものに細分化し、各時間に割り当てていきます。そして、各作業を25分で終わらせようとすることで集中が高まるのです。4回（2時間）ほど繰り返したら15分程度の長めの休憩で気分転換を。休憩の質にも気を配ると（P.60参照）、作業効率も高まります。

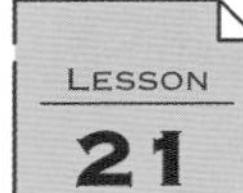

集中できるデスクを維持する

ここがポイント！

1 デスクの上はパソコンと電話だけにする

2 引き出しを活用して「使ったら元に戻す」

1 デスクの上はパソコンと電話だけにする

仕事では、デスクの上で作業をすることが多くなります。デスクを有効に使うためには、できるだけモノを置かないこと。**理想はパソコンと電話だけ**が置いてある状態です。それ以外は必要最低限のモノを引き出しにしまい、不要なモノは処分しましょう。それにより、**デスクがすっきりとして仕事に集中できる**ようになります。また、モノが厳選されていることで、作業効率も高まります。

組織の書類や資料などをデスクに積み上げている人がいますが、積み上げてあると必要な書類を探すのに手間がかかることがあります。最近では多くの書類がデータで管理されているので、**検索すればすぐに見つかります**。むしろ、紙の山から探し出すほうが時間のロスでしょう。そのため、デスクに置くモノは厳選しておき、保管が必要な書類などは、共用の棚や引き出しなどへ移しましょう。

2 引き出しを活用して「使ったら元に戻す」

デスクにモノを置かないために、デスクの引き出しを活用しましょう。収納する**モノ一つひとつに置き場所を決め**、すぐに取り出せるようにしておくのです。ひと目でモノの場所がわかるよう、３割ほどのスペースを空けておきましょう。

モノは**「使ったら元の場所に戻す」ことを徹底**します。どうしても書類などがたまってしまうようなら、**整理する時間を定期的に設けましょう**。たとえば１週間に１回、お昼休憩後の15分で、デスクの上、バッグの中、引き出しなどを片付けるのです。整理整頓を習慣付け、快適な仕事環境を維持しましょう。

パッと見てわかる！ 図解まとめ

デスクの引き出しの活用

●デスクの引き出し

中央

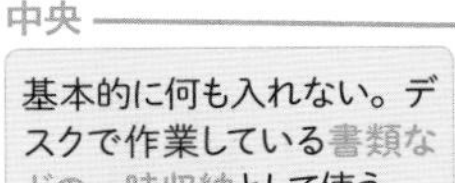

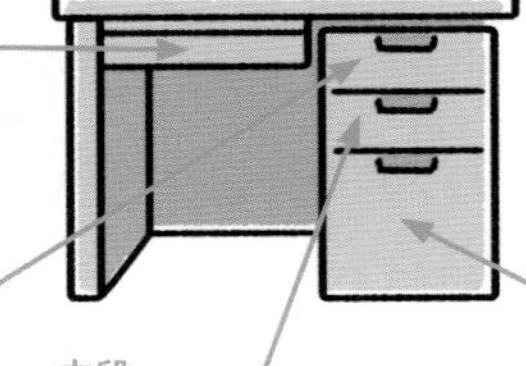

上段

ペン、ハサミ、クリップなどの文房具を収納。仕切りのあるトレーを使うと整理しやすい

中段

ペンケースやポーチ、充電器などの不定形物や厚みのあるものを収納。仕切り板を使い、それぞれの置き場所を決める

下段

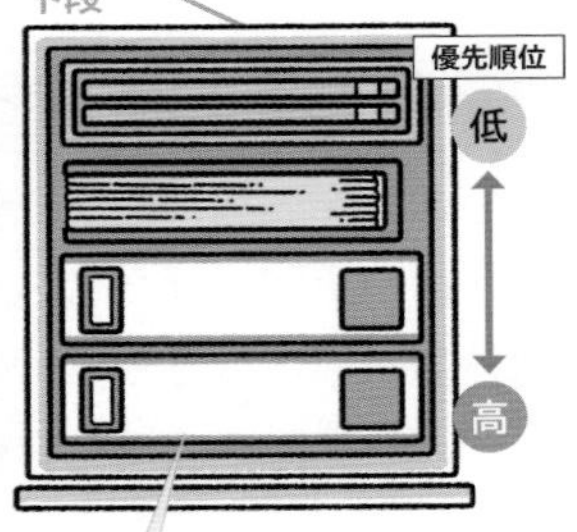

書類を入れる。上下に重ねると取り出しにくいので、ファイルボックスやファイルに入れて立てて保存

書類の管理方法

案件ごとの管理

1つの仕事の案件を1つのファイルボックスにまとめて入れる。優先順位の高いファイルボックスを手前に配置するとよい。

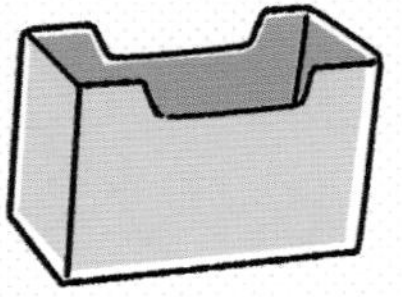

書類ごとの管理

1つの書類を1つのクリアファイルに入れ、インデックス（見出し）を付けてからファイルボックスに収納する。引き出しを開けると、ひと目で必要な書類がどこにあるかがわかる。

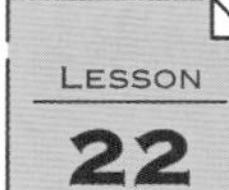

パソコンのデータを適切に管理する

ここがポイント！

❶ デスクトップ画面にはデータを保存しない

❷ ストレージを分けてデータを使いやすくする

❶ デスクトップ画面にはデータを保存しない

デスク周りと同様、仕事で使う**パソコンも定期的に整理**をしましょう。文書や画像などのファイルは、デスクトップ画面にコピーして作業を進めがちですが、そのまま放置すると画面がアイコンで埋め尽くされ、ファイルが見つけづらくなってしまいます。**基本的にデスクトップ画面にはファイルを保存せず**、一時的な作業場所としてとらえておきましょう。作業が終わったら、画面上のファイルを組織のサーバなどにバックアップし、画面上のファイルは削除します。

ファイルを整理しておくことで、目的のファイルを見つけやすくなるだけではなく、誤ったファイルを使うリスクが減り、パソコンの容量も軽くなります。

❷ ストレージを分けてデータを使いやすくする

パソコン内やクラウド上などの**データの保存場所**を「ストレージ」といいます。大きく分けて、パソコン内の保存場所である「内部ストレージ」と、外付けハードディスクやクラウドなどのパソコン外の「外部ストレージ」があります。

内部ストレージの容量には限りがあり、容量いっぱいまで使うと、パソコンの動作が重くなったり、データが保存できなくなったりすることがあります。内部ストレージの容量が増えてきたら、**外部ストレージの併用**を検討しましょう。

たとえば、メンバーと共有するデータはクラウド、バックアップするデータは外付けハードディスクといったように、目的に応じて使い分けると便利です。

また、組織内で部門ごとやプロジェクトごとにファイル管理用のサーバが用意されている場合は、組織のルールに従ってサーバにファイルを保存するとよいでしょう。必要なファイルが共有され、見つけやすくなります。

パッと見てわかる！ 図解まとめ

デスクトップ画面を整理する

整理をしていないと……

- 目的のファイルが見つからない
- パソコンの動作が遅くなり、仕事の効率が下がる
- 再度作成したりダウンロードしたりする手間が増える
- 誤ったファイルを使ってしまうリスクがある

整理をしておくと……

- 目的のファイルがすぐに見つかる
- パソコンの動作が軽快になり、仕事の効率が上がる
- すっきりした画面で作業に集中できる
- 誤ったファイルを使うリスクが減る

●デスクトップ画面

●主な整理の方法

フォルダで分類する

- ファイルのまま置かず、フォルダで分類しておく
- 削除してよいかわからないファイルは保留フォルダに一時的に入れておく（あとでチェックして削除）

ショートカットだけ置く

- デスクトップ画面にファイルは保存せず、作業が終わったらバックアップをとって削除
- 頻繁に使うファイルなどは、フォルダに入れてストレージに保存し、そのショートカットを置いておく

外部ストレージの活用例

クラウド（クラウドストレージ）

- メンバーとのファイルの共有
- 取引先とのファイルの受け渡し
- 作業中に保存しておき、インターネット接続ができる環境で作業を再開する
- 容量の大きい動画などを保存しておく

外付けハードディスク

- インターネット接続がない環境で、作業の再開やデータの受け渡しを行う
- 容量の大きい動画などを保存しておく
- バックアップ用のファイルを保存しておく

ファイルやフォルダを整理する

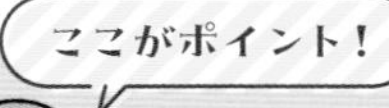

❶ ファイルやフォルダを整理して仕事を効率化

❷ 適切な名前を付けてファイルとフォルダを分類する

❶ ファイルやフォルダを整理して仕事を効率化

「ファイル」とは**文書や画像、動画などのデータ**のことです。私たちが新規文書を作成したり写真を撮ったりすることで、文書ファイルや画像ファイルができ上がります。また「フォルダ」とは、**ファイルを保管する「箱」**のことです。フォルダを使うことで、ファイルを適切に分類できます。

ファイルやフォルダがきちんと整理されていないと、目的のファイルが見つからない、最新のファイルがわからないといったことが起こり得ます。**作業効率が悪くなる**だけではなく、古いファイルで作業をしてしまうなど**トラブルの原因**にもなるので、ルールを決めて適切に管理することが求められます。

❷ 適切な名前を付けてファイルとフォルダを分類する

まずファイルやフォルダには、**適切な名前を付ける**ようにしましょう。たとえば、「新」や「New」などと付けられたものが混在していると、どれが最新のものか、わからなくなってしまいます。

ファイル名には「240404」などと作成日や更新日を入れ、すぐに目的のファイルを判別できるような工夫をしておきます。さらに、名前の先頭に数字(0→9)やアルファベット(a→z)を付けると、自動整列機能によりファイルやフォルダが数字順やアルファベット順に並ぶため、見やすくなります。

またフォルダは、**取引先やプロジェクトなどのテーマ別に作成**し、該当するファイルを入れて管理しましょう。ファイルが増えてきたら、フォルダ内にさらにフォルダを作成して分類していきます。フォルダの中身は**定期的にチェック**し、不要なファイルを削除するか、「済」フォルダに入れるなどして整理しましょう。

パッと見てわかる！ 図解まとめ

フォルダとファイルの管理の例

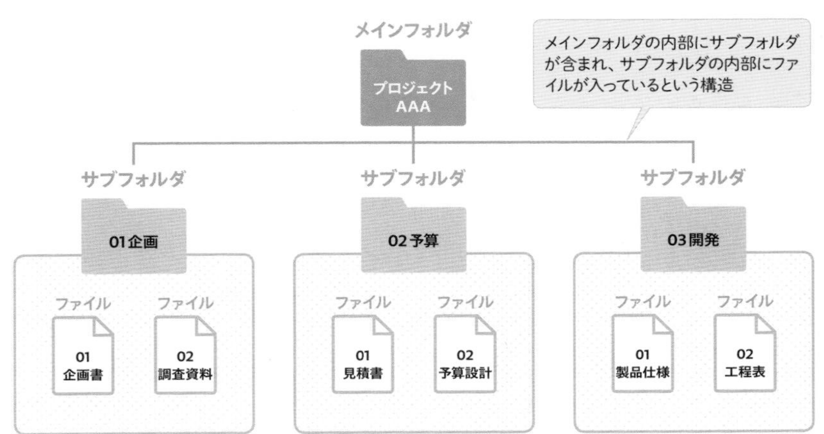

ファイル名の付け方の例

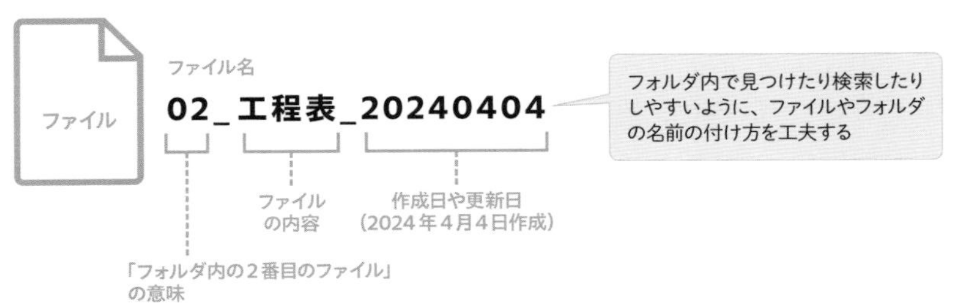

更新回数を付ける

上書き保存をせず、更新するごとに名前を付けて保存を行い、末尾に「2」「3」……などの数字を付けていく。過去にさかのぼってファイルを調べたいときに便利。

「02_koutei_20240404-2」

「02_koutei_20240404-3」

半角英数字を使う

メール添付やクラウドからのダウンロードなどの際に文字化けをしないよう、ファイル名はすべて半角英数字にしておくと安全。

「02_koutei_20240404」

つなぐ記号を統一する

ファイル名の各要素をつなぐ記号（「_」「-」など）も統一する。半角と全角で異なり、ファイル名の自動整列にも影響する。

集中と休憩のメリハリをつける

1 集中のパターンを知って仕事の流れに取り入れる
2 心や体をほぐして気分転換をする

1 集中のパターンを知って仕事の流れに取り入れる

その日に行うべき作業がたくさんあるからといって、何時間もデスクやパソコンで作業を続けることは効率的ではありません。ある程度の作業の区切りで休憩を入れ、**メリハリをつけて仕事をする**と、作業効率が上がることが期待できます。

人によって異なりますが、**大人の集中力の持続時間は40～50分程度**といわれています。この間に集中して作業ができるよう、１日の作業を細かく分け、作業の合間に休憩を入れるようにしましょう。

また、途中で雑務などが入ると、集中が切れてしまうこともあります。たとえば「メールの確認は1時間おきに。緊急でないメールは始業後と終業前の１時間で返信する」などのように、雑務を行う時間を決めておくこともおすすめ。集中しやすい時間帯や、集中の持続時間など、**自分の集中のパターンを把握し、仕事の流れに取り入れる**ことが大切です。

2 心や体をほぐして気分転換をする

仕事の合間には短時間の休憩（小休憩）などを入れ、気持ちを切り替えましょう。「勝手に休憩をとっていいのかわからない」という人もいるかもしれませんが、仕事の合間の５分程度の休憩なら、認められている組織は多いはずです。念のため、上司や先輩に組織のルールを確認しておくとよいでしょう。

なかなか集中できないときにも、思い切って休憩をとるほうが効果的です。ただし、スマートフォンのゲームをしたり動画を観たりすることはNG。お茶を飲んで一息ついたり、席を立って伸びをしたりするなど、心や体がほぐれる気分転換の方法を考えましょう。さらに集中力が増し、作業効率も高まるはずです。

パッと見てわかる！ 図解まとめ

小休憩を入れた1日の仕事の流れの例

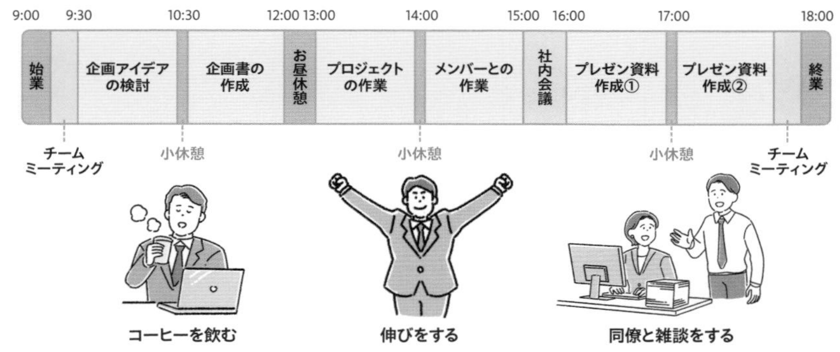

仕事の合間に小休憩を入れる

集中力を高めたり、気分を入れ替えたりするため、仕事の合間に５分程度、小休憩を入れる。目安として午前に１回、午後に２回程度。小休憩が認められているか、上司や先輩に確認しておく。

小休憩の例

・コーヒーやお茶を飲んで一息つく
・軽いおやつを食べる
・背伸びなどストレッチをする
・同僚と軽い雑談をする　など

仕事でのメリハリのつけ方の工夫

メリハリのつけ方の例

・**タイマーを使って集中する時間を確保する**

タイマーなどを活用し、集中する時間と休憩する時間を繰り返して仕事のペースをつくる
（例）60 分仕事、５分休憩を繰り返す

・**ウォーミングアップから集中力を高めていく**

始業時はウォーミングアップを行い、ルーティンの業務や単純作業などから始めて仕事のペースをつかんでいく

・**小休憩は十分に気分転換を行う**

小休憩のあと、集中して作業ができるように気分を入れ替える。休憩する際は周囲の迷惑にならないよう配慮する

パソコン作業での休憩のとり方

モニターを見ながらキーボードを操作するパソコン作業では、心身の負担を少なくするために、次のような作業と休憩が推奨されている

・１時間を超えて連続作業をしない
・連続作業と連続作業の間に 10 ～ 15 分の作業休止時間を設ける
・連続作業時間中にも１～２回の小休止（１～２分の休止）を設ける
・作業姿勢では、椅子に深く座って背筋を伸ばし、足裏の全体が床に接するようにすると疲れにくい
・長時間、同じ姿勢にならないように、作業の途中でときどき立ち上がる。立ち作業を取り入れるとよい

出典：厚生労働省「情報機器作業における労働衛生管理のためのガイドラインについて」

心と体の健康管理を意識する

ここがポイント！

❶ 体調を管理して能率を高める

❷ 心身が不調なときは周囲に相談する

❶ 体調を管理して能率を高める

体調の管理は、社会人にとって大切なスキルです。**心身の状態を良好に維持するために、１日の生活リズムや１週間の生活サイクルなどに気を配りましょう。**

心身が健康であると、仕事の能率も高まります。反対に不調をきたすと、判断力が鈍り、仕事のパフォーマンスも上がりません。風邪などで休んでしまうと、自分の仕事が滞るばかりではなく、チームや取引先にも影響を与えます。仕事を安定して進められるよう、自分の体調を管理することにも意識を向けましょう。

心と体は連動しています。心が不安定なときには、病気になったり仕事が手につかなくなったりすることがあります。体を休めることはもちろん、休日には自分の趣味などでリフレッシュして、**心を休めることも大切**です。

❷ 心身が不調なときは周囲に相談する

心身の健康を保つには、**食事、睡眠、運動がポイント**です。栄養バランスのとれた食事を規則正しくとり、質のよい睡眠を確保し、生活に適度に運動を取り入れること。これらが押さえられていると、仕事のパフォーマンスも高まります。

ただし**心身の健康は、自分だけでは管理しきれない**こともあります。とくに心の不調は、人間関係や仕事内容などがきっかけとなることもあり、「自分で何とかしなければ」と気を張っているうちに進行していく可能性もあります。**心の不調を感じたら１人で抱え込まず、周囲や医療機関などに相談する**ことが大切です。

また心の不調は、自分では気がつきにくい場合があります。「最近少し集中力が続きにくい」など、何らかの変化が感じられるときには、先輩などに相談してみましょう。客観的な視点でアドバイスをもらえるかもしれません。

パッと見てわかる！ 図解まとめ

食事、睡眠、運動、メンタルヘルスのポイント

食事

- **栄養バランスのとれた食事**
  免疫機能を上げ、病気を予防する。心の調子にもよい影響を与える
- **朝昼晩、規則正しくとる**
  体内時計を整え、体形を保つ効果がある
- **間食は適度に**
  間食は気分転換になる一方、とりすぎると肥満や睡眠の質などに影響する。寝る前の間食は控える

睡眠

- **決まった時刻に寝起きする**
  体内時計が整い、心身の不調を予防する
- **寝る前にスマートフォンの画面を見ない**
  スマートフォンやパソコンの画面などの光は睡眠を阻害する作用がある。寝る前は部屋の明かりを暗めに
- **起きたら太陽の光を浴びる**
  セロトニンが分泌され、朝に起き、夕方に眠くなるという体内時計が整いやすくなる

運動

- **軽い運動を毎日続ける**
  筋力が持続し、新陳代謝も活発に。分泌されるセロトニンもよい効果がある
- **仕事の合間に取り入れる**
  休憩時間の軽い体操や、お昼休憩のウォーキングなど
- **デスクワークでは意識して立つ**
  座り続けると血行不良、代謝の低下などを引き起こす。30分に1回は立ち上がって動くようにする

メンタルヘルス（心の健康）

不調になると

- 精神面・行動面では、ふさぎ込む、悲観的になる、集中力がなくなる、判断を後回しにする、仕事の能率が落ちるなど
- 身体面では、頭痛、便秘、動悸、吐き気、胸やけ、めまいなど
- 身体の病気なのか心の病気なのか、見分けがつかない症状も多い

対応

- 組織で受診するストレスチェックなどを参考にする
- 心身の不調を感じたら、念のため精神科も受診する
- たまったストレスを自分なりに解消する方法を見つける

ワンポイント アドバイス

それでも休まなければならないときは

いくら注意していても、病気になってしまうことはあります。そんなときは電話やメールなど、組織で決められた方法で休むことを伝えましょう。休む理由や期間とともに、その日に予定していた仕事についても連絡し、引き継ぎます。他のメンバーもそれぞれの仕事を抱えているため、引き継ぐことは最小限にとどめましょう。このようなときのために、普段から作業を共有しておく必要があります。

引き継ぎ例（その日予定していた商談）

先方に延期の連絡を入れてもらうか、他のメンバーに訪問してもらうかを連絡。メンバーに訪問してもらう場合、商談の場所、時間、商談資料の保管場所（デスクの引き出しにある、共有フォルダにファイルがある）、コピーの要不要などを伝える。

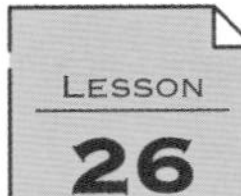

モチベーションを高く維持する

1 モチベーションを管理して高い成果を上げる

2 気分をリフレッシュして意欲を高める

1 モチベーションを管理して高い成果を上げる

「モチベーション」が仕事の成果に影響を及ぼすことがあります。モチベーションとは、**行動を起こす目的やきっかけ**となるもので、「賃金を得るために働く」「リーダーに抜擢されたい」といった報酬や名誉などに関する外発的なものと、「スキルを上げたい」「夢を実現したい」といった自分の内なる意欲などに関する内発的なものの２種類があります。これらの**モチベーションを適切に管理することで、仕事で高い成果を上げられる**ようになります。

外発的なモチベーションは、短期的な成果を上げやすいものの、効果は一時的という性質があります。モチベーションを高く維持するためには、最初は外発的モチベーションに従って行動したとしても、次第に関心が生まれて内発的モチベーションに変化し、行動自体が目的となって持続することが理想です。

2 気分をリフレッシュして意欲を高める

内発的モチベーションがあると、仕事での成長や実現したい夢などを行動の目的として、持続的に行動を続け、期待以上の成果を上げやすくなります。内発的モチベーションを生み出す方法は、人によって向き不向きはありますが、いくつか考えられます。たとえば、仕事で得られる成長を具体的にイメージし、その成長に向かって意欲をもつ方法です。また、小さな目標をつくって成功体験を重ねていく方法や、自分をほめる・ご褒美を用意するなどの方法も有効です。

どんな方法にしても、仕事から離れて心身を休める、趣味に熱中するなど、**気分をリフレッシュして仕事に向かう意欲を高めることも大切**です。自分の心身の状態を把握し、モチベーションを高く管理していきましょう。

パッと見てわかる！ 図解まとめ

2種類のモチベーションの特徴

外発的モチベーション

外的な報酬を得るために行動を起こす

- 具体例
  - 賞与のため
  - 生活資金のため
  - 地位を得るため
  - 試験に合格するため
- 特徴
  - モチベーションが短期的に上がる
  - 一時的に効果を発揮する
  - 外的報酬に慣れたり、結果が出にくいと感じたりすると、モチベーションが下がる

内発的モチベーション

内面の興味や関心、意欲などで行動を起こす

- 具体例
  - もっと上手になりたい
  - 夢を実現したい
  - 社会に貢献していると感じる
  - 仕事が楽しい
- 特徴
  - 人によって異なり、明確でない
  - 持続・継続しやすい
  - 短期的には効果が出にくい

モチベーションを維持した目標達成への道

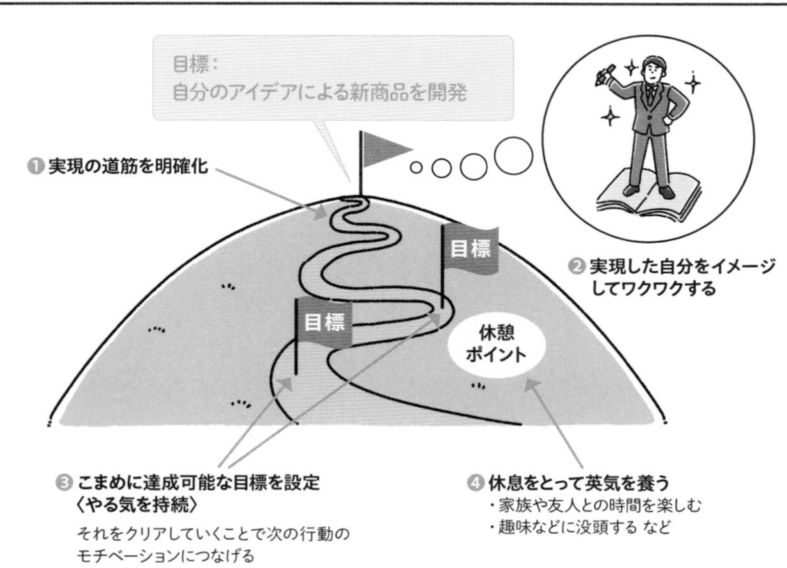

❸ こまめに達成可能な目標を設定〈やる気を持続〉

それをクリアしていくことで次の行動のモチベーションにつなげる

❹ 休息をとって英気を養う

- 家族や友人との時間を楽しむ
- 趣味などに没頭する など

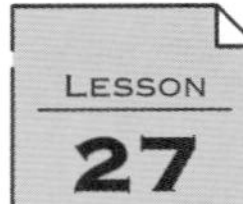

働くサイクルを築いて持続させる

ここがポイント！

❶ パフォーマンスを持続させるサイクルをつくる

❷ 期間を決めて振り返り、サイクルを改善する

❶ パフォーマンスを持続させるサイクルをつくる

仕事は、**長い期間にわたって続けていくもの**です。「この１日だけ頑張ればいい」「３か月やり遂げれば結果が出る」などというものではありません。仕事のメリハリをつけ（P.60参照）、心身を管理し（P.62参照）、モチベーションを維持する（P.64参照）ということは、仕事で継続していかなければならないことなのです。

自分なりの方法でよいので、**パフォーマンスを持続させるサイクル**をつくりましょう。まずは１日の生活を考え、それを１週間続けるための生活サイクルを考え、それを１か月、１年へと広げていくのです。最初は上司や先輩などを参考にしてもよいでしょう。

パフォーマンスのよい日と悪い日があっても一喜一憂せず、**長い期間で安定したパフォーマンスを発揮**できるようサイクルを構築します。

❷ 期間を決めて振り返り、サイクルを改善する

１日の振り返り（P.50参照）と同様、**１週間、１か月、１年の各サイクルで振り返りを行う**ことが大切です。振り返りでは、改善点を挙げて軌道修正をするとともに、自分の成長も見つけてねぎらい、モチベーションを高めましょう。

１日の仕事にメリハリをつけるだけではなく、**１週間のなかでメリハリをつける**こともおすすめです。たとえば、月曜日は仕事に慣らす日として仕事量を抑え、火曜日は全力で仕事を行い、水曜日は早上がりをする日として一息つき、木曜日に集中して仕事を行って、金曜日は週末の趣味のために体力を温存、という具合です。自分のパフォーマンスが高まる方法を見つけ、集中力や生産性を維持できるようにしておきましょう。

パッと見てわかる！ 図解まとめ

仕事のサイクルをつくるポイント

組織の繁閑期を考慮する

「月初めは忙しく、月終わりは余裕ができる」「行楽シーズンは忙しい」などの組織の繁閑期を考慮し、余裕のある時期にプライベートを充実させ、忙しい時期に仕事に集中するなどのサイクルを考える。

休日を組み入れて考える

ワーク・ライフ・バランス（P.156 参照）に配慮し、休日を組み入れた１週間のサイクルで考える。休日の過ごし方も大切であり、寝て過ごせばいいわけではなく、次の出勤に向け、適度に活動することが重要。

自分の体調の波を考慮する

「冬の初めは風邪をひきやすい」「週初めは仕事のペースが遅い」など、自分の体調の波や、ペースの変化などを考慮し、「冬は無理をせずに体調管理に気をつける」「週初めに重要な仕事をまとめない」などとペース配分を行う。

達成したい目標を決める

いつまでにどんな自分になっていたいかを具体的にイメージし、仕事のサイクルに反映させる。たとえば、「11 月の資格試験に合格したい」という目標であれば、夏に勉強時間を確保することを考慮したサイクルを考える。

サイクルごとにPDCAサイクルを回し（P.154 参照）、次のサイクルにつなげる

ワンポイント アドバイス

長期休暇もサイクルに組み込む

「１年のサイクル」を決めるとき、長期休暇の日程も同時に決めるのもアイデアのひとつです。早めに休暇のスケジュールを立て、周囲にも伝えておくことで、自分自身も「休暇に備えて確実に仕事を終わらせよう」という意識が高まりやすくなります。

Column 仕事の悩みの対処法

人事や労務などの適切な部署に相談する

どれだけがんばって仕事を進めていても、自分だけではどうにもならない問題も出てきます。たとえば、なかなか給与が上がらない、残業時間が減らない、上司からの過度なプレッシャーがある、といった待遇や人間関係などです。これらを上司に相談しても、適切な返答が得られない可能性があります。

こうした悩みに対して、組織によっては相談窓口を設けていることがあります。また、待遇やハラスメントの問題などは、人事課や労務課などに相談するのもよいでしょう。自分自身の感覚だけで伝えるのではなく、悩みの対象となる上司から受けたメールなど、客観的なデータを揃えて相談すると、事実関係が明らかになり、適切な対応をしてもらいやすいといえます。

また家族や友人など、周囲に相談できる人がいると、精神的に楽になります。話を聞いてもらうだけですっきりすることもありますし、自分１人で悩んでいたときと異なる視点で問題をとらえられるようになるかもしれません。同僚や先輩は、同じ職場で共感してもらいやすいですが、相手の立場や状況を考えずに相談をもちかけたり同意を求めたりするのは控えましょう。

今までの経験を振り返ってみる

どうしても悩みが解消されないときには退職という選択肢もありますが、後先を考えずに辞めることはおすすめできません。まずは少し見方を変え、現在の自分の経験やスキルを棚卸ししてみましょう。入社から今までの経験を振り返り、自分が得意なことやできること、反対に苦手なことや改善が必要と感じていることなどをリストアップしてみるのです。さらに、今までの仕事でやりがいを感じたことや、学んだことなどを書き出すことで、自分自身の成長を感じることができるのではないでしょうか。そのようにして棚卸しをしたあと、この先、「自分らしいキャリア」を積み重ねていくために「今の場所で学べることはないか」「自分から働きかけて変えていくことはできないか」という視点でも考えてみましょう。

そうした努力をしているうちに、自分の希望部署への配属が決まったり、新しい仕事を任されたりすることもあるかもしれません。悩みを抱えながら努力を続けることで成長につながり、いつの間にか悩みが解決している可能性もあります。

4章

仕事の進め方の基本

説得力のある話し方

❶ 最初に話の主題と結論を述べる
❷ PREP法により結論を印象付ける

❶ 最初に話の主題と結論を述べる

上司に進捗を報告したり、会議で意見を述べたりするときには、まず話す内容を思い浮かべ、話す順番を組み立てましょう。そして、**冒頭で「○○について報告します」など、話の主題を述べてから**話し始めます。そのあとに結論を簡潔に述べましょう。結論を後回しにすると、相手は話の意図がわからず、「この報告で何を伝えようとしているのか？」「この意見は何を目的としたものなのか？」などと考え、理解できないまま相手を不愉快な気持ちにさせてしまう恐れがあります。

また、お互いが共通に理解でき、同じ認識をもっている話題から話し始めると、相手を話に引き込みやすくなります。

❷ PREP法により結論を印象付ける

「PREP法（プレップ）」とは、「結論（Point）」「理由（Reason）」「具体例（Example）」「結論（Point）」の順に情報を伝える話し方です。話に説得力をもたせ、簡潔でわかりやすくまとめるために有効な方法です。

最初に結論を伝えることで、相手はその結論を前提として聞くことができ、内容が理解しやすくなります。**そのあとに理由と具体例**を説明すると、その結論を主張する理由が明確になり、説得力が増します。**最後に再度、結論を伝える**ことで、あなたの主張を印象付けられます。

PREP法は、文章を構成する（組み立てる）際にも活用できます。上司への報告や会議での発言の前に、PREP法に沿って情報を整理してみましょう。あなたの主張を効果的に伝えるために、「どんな理由付けが必要か」「どんな事例や資料があればよいか」などがわかるようになります。

パッと見てわかる！ 図解まとめ

まず主題から話し始める

主題

何について話すのか、連絡か報告か相談かなどを最初に伝える

「A社の商談会の件でご相談があります。ただいま5分ほどお時間よろしいでしょうか？」

理由

話す必要が生じた根拠や背景を簡潔に伝える

「A社から商談会への参加の打診があり、この件でご意見をいただければと思います」

本題の内容

そのあとで本題の内容を述べる。PREP法を使うと説得力のある話し方ができる

「私はぜひ参加するべきだと考えています。なぜなら〜」

PREP法の流れ

Point：結論を述べる

「私は商談会に参加するのがよいのではないかと考えています」

主張したい結論を最初に述べ、話の前提を決める

Reason：理由を述べる

「理由は3つあります。1つは〇〇〇、2つは△△△、3つは□□□」

次にその理由を述べ、結論を補強する

Example：具体例を挙げる

「前年は我々の同業他社が商談を成功させています」

具体例・実例・事例を挙げ、共感させる

Point：結論を述べる

「以上のことから、私は参加を提案します！」

話を要約して再度、結論を伝え、印象に残す

話すときのポイント

- できるだけ短文に区切る
- 相手が理解しやすい言葉を選ぶ
- 「客観的な出来事」と「自分の意見」を分けて話す
- 5W3H（P.73参照）に注意して具体的に話す
- 不安を恐れず、はっきりと主張する
- ゆっくり、はっきりと話す

ダメな例

- 一文が長い
- 「客観的な出来事」と「自分の意見」が混在している
- 主張があいまい

✕「B社への納品が10日後から7日後に急に変更になりまして、私は間に合うかもしれないと考えますが、商品は数日で用意できそうです」

↓

〇「B社への納品が10日後から7日後に変更になりました。商品は最短3日で用意できます。急な変更ではありますが、私は間に合わせることができると考えています」

要点を押さえた聞き方

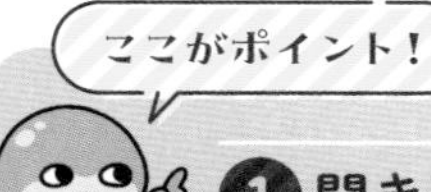

❶ 聞き違いがないように要点をメモに書き留める

❷ 質問や確認は最後にまとめて行う

❶ 聞き違いがないように要点をメモに書き留める

上司から作業の指示を受けたり、取引先から要望を聞いたりするときには、**話の内容や意図をできるだけ正確に聞き取り、理解する**ことが大切です。記憶だけに頼ると忘れてしまう可能性があるので、要点を書き留めるために、メモ帳とペンを持参して話を聞きましょう。

メモをとるときには、主に次のことを押さえます。

- **話のテーマ**（たとえば「競合10社の５年分の調査」など）
- **5W3H（いつ、どこで、誰が、など）の具体的な内容**
- **相手が伝えたいこと、相手が重視していると感じたこと**
- **自分が疑問に感じたこと、確認しておきたいこと**

❷ 質問や確認は最後にまとめて行う

質問や確認は相手の話が終わってから行うのが基本。情報が多い場合は区切りのいいところで質問をしたい旨を述べ、尋ねてもよいでしょう。あとで自分が作業することを想定し、必要な情報が満たされているかを意識しながら話を聞きます。

指示や依頼の内容だけを示されて目的や意図がわからないときには、**「この作業を行う意図は何でしょうか？」などと確認**しましょう。作業の目的や意図なども共有することで、相手の望む成果に結びつけやすくなります。また目的や意図を聞くことは、仕事の意味を理解することにもつながります。相手も仕事を意欲的に理解しようとする姿勢に信頼を寄せるでしょう。

最後にメモを見ながら要点を読み上げ、食い違う点がないかを確認してもよいでしょう。とくに数字や固有名詞は念入りにチェックしてください。

パッと見てわかる！ 図解まとめ

5W3Hを押さえて聞く

When いつ/いつまで（日程・期限）
「2月10日の午後2時までに」

Where どこで/どこへ（場所）
「自社の営業企画部にて」

Who 誰が/誰に（担当者・関係者）
「高柳部長に」

What 何を（用件の内容・目的）
「自社商品の売上データを」

Why なぜ/何のため（理由）
「来期の販促方針を検討するため」

How to どのように（手段・方法）
「自社データベースのデータを抽出して」

How much いくら（費用・予算）
「今回は費用はかけない」

How many どれくらい/いくつ（数量）
「今期の下期の主力5商品」

業務遂行のために必要な情報を整理し、5W3Hが満たせるように聞いて、不足している情報は質問する

質問のしかたとメモのとり方の例

クローズドクエスチョン

数値や時間、場所などの客観的な事実を確認したいときは相手に選択肢のある聞き方にする

「午後1時までに準備をすればよろしいでしょうか?」

オープンクエスチョン

話題を掘り下げたいときや、わからないことを聞くときは「Yes・No」ではなく、自由に答えられる質問にする

「今後チームではどんなことを実現しようとしているのでしょうか?」

質問の言葉の例

- お話の途中ですが、質問してもよろしいですか？
- 2点、質問があるのですが～
- 念のため確認したいのですが～

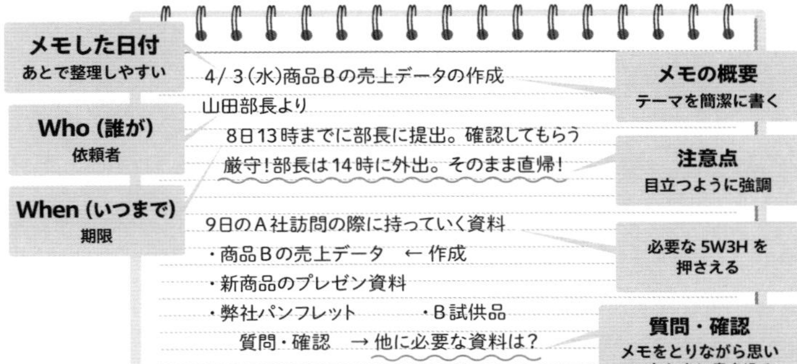

報告・連絡・相談を適切に行う

❶「ホウ・レン・ソウ」を適切に行って成果につなげる

❷ホウ・レン・ソウの基本は「迅速」「直接」「簡潔」

❶「ホウ・レン・ソウ」を適切に行って成果につなげる

職場ではさまざまなメンバーが協力し合って仕事をしています。メンバー一人ひとりがそれぞれの役割を果たし、チームとして着実に成果を出していくためには、**職場内での「報告・連絡・相談」(ホウ・レン・ソウ)が重要**になります。

ホウ・レン・ソウを適切に行うことで、メンバーは管理者である**上司の指示や意図などを正しく理解し、効率よく業務を行える**ようになります。また上司も、**業務の進捗やメンバーの状況などを正確に把握できる**ようになり、的確なアクションがとれるようになります。こうして、上司とメンバーが必要な情報を伝え合うことで、成果を出しやすくなり、信頼関係を深めていくことができるのです。

❷ホウ・レン・ソウの基本は「迅速」「直接」「簡潔」

「報告」は、作業の指示を出された人が、**指示を出した上司やメンバーに作業の進捗や結果などを伝える**ことです。着実に仕事を進めるためには、次のポイントを押さえて報告することが大切です。

迅 速：作業がある段階まで到達したり、指示されていたことが終了したりした場合、すぐに報告します。上司が適切な判断を下せるよう、作業結果の注意点、今後の進行に関わること、次の作業の目標などの必要な情報も添えます。

直 接：報告は指示を出された相手に直接行います。間接的に行うと誤解が発生する可能性があり、ニュアンスも伝わりづらくなります。

簡 潔：まず結論を伝え、そのあとに経過を簡潔に説明します。**意見を述べるときは事実と区別し、最後に付け加える**とよいでしょう。説明が複雑になる場合は、報告内容をまとめた文書を渡して説明すると、相手も理解しやすくなります。

パッと見てわかる！ 図解まとめ

「ホウ・レン・ソウ」の意味

報告（ホウ）

作業の指示を出された人が、指示を出した上司やメンバーに対して、作業の進捗や結果などを伝えること

連絡（レン）

仕事に関係する情報を、作業の指示に関係なく上司やメンバーに伝えること

相談（ソウ）

仕事で迷ったり悩んだりしたときに、上司や先輩などに意見やアドバイスをもらうこと（P.76参照）

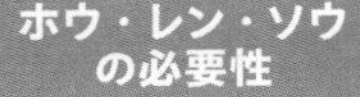

- 指示・アドバイス・意見
- 業務サポート・知識の伝承

- 情報を共有
- ズレを認識・修正・改善

適切な「ホウ・レン・ソウ」が、上司やメンバー、関係者の仕事に影響し、全体としての仕事の成果につながる

報告と連絡のポイント

報告のポイント

報告のタイミング

- 指示された作業が完了したり、一定の区切りまで到達したりしたとき
- 仕事の進行に変更が生じた場合
- ミスやトラブルが発生した場合

報告の頻度

- 細かい区切りでこまめに行う
- 退勤前や休憩前などに定期的に行う

注意点

- 報告する相手の状況を確認してから行う
- 事実と意見を分けて話す

連絡のポイント

- **正確**：5W3Hを踏まえ、漏れのないように正確に情報を伝える
- **簡潔**：「結論→経過」の順に素早くかつ簡潔に情報を伝える
- **適切な手段**：連絡する内容や緊急度などにより、適切な連絡手段を選ぶ

口頭：緊急度の高い用件は対面または電話で知らせる

文書：定例の情報共有など、緊急でなく、正確な情報が必要とされる場合は文書にまとめて知らせる

メール：緊急でなく、複数の人に一斉に伝えたいときに有効

LESSON 31

積極的に相談を行う

ここがポイント！

❶ 積極的に周囲からのアドバイスを取り入れる

❷ 日頃からコミュニケーションを図り関係性を築いておく

❶ 積極的に周囲からのアドバイスを取り入れる

仕事で悩んだり迷ったりしたときは、**1人だけで考えて結論を出すのではなく、上司や先輩に相談**しましょう。わからないまま適当に判断したり放置したりすると、トラブルにつながる可能性があります。困っている状況は誰かに察してもらえるわけではありません。一度、自分自身で冷静に考え、それでも適切な解決策が見つからないときは、経験豊富な上司や先輩にアドバイスを仰ぎましょう。

すでに起こった事実を伝える「報告」や「連絡」と異なり、**「相談」はこれから起こる事柄にどう対処するかを考えること**です。対処の方法次第では、よりよい成果につなげたり生産性を高めたりすることもできます。相談事が出てきたらチャンスととらえ、上司や先輩などに早めに相談しましょう。お互いの意見や考えを交わし合うことで、最適な仕事の進め方を模索できます。

❷ 日頃からコミュニケーションを図り関係性を築いておく

職場では先輩や同僚と、仕事から少し逸れた、とりとめのない話をすることがあるでしょう。雑談は不要と思われるかもしれませんが、雑談をすることで職場が和やかになり、お互いの理解が深まり、信頼関係が醸成されやすくなります。そして、**コミュニケーションが円滑になり、相談もしやすくなる**のです。

困ったことが出てきたとき、見知らぬ先輩に相談を持ちかけるのは、なかなか勇気がいることです。しかし、雑談をして気心が知れている人なら、相談をすることも容易でしょう。雑談は、何かを解決したり結論を出したりするものではありません。天気の話でもいいですし、以前に聞いた趣味の話でもいいでしょう。仕事の延長線上と考え、適度に雑談を取り入れてみてください。

パッと見てわかる！ 図解まとめ

相談の基本的な流れ

自分の考えをまとめる

まずは一度、**自分で冷静に考え、自分なりの解決策を用意**しておく。自分1人で判断・行動をしないことが大切

相談例

・納期に遅れが発生しそう
・取引先から困難な依頼があった
・職場の人間関係に疲れた
・仕事が自分に向いていないかも

相手に相談を持ちかける

相手の繁忙状況を見て、**あまり忙しくなさそうなとき**に声をかける。相談事を簡潔に説明したあと、自分の意見や解決策を話し、それから相手のアドバイスを仰ぐ

相談相手の選び方

相談事に関係する上司や先輩に相談する。誰に聞いていいかわからないときは、上司や先輩に適切な相手を紹介してもらうのも一案

相手の助言を受ける

メモをとりながら相手の意見やアドバイスを聞く。**「答え」ではなく、あくまで「意見」をうかがう姿勢**を忘れずに。相談は手取り足取り教えてもらうものではない

助言の受け止め方

相手には「時間を割いて考えてもらっている」という謙虚な姿勢で聞く。最適と思える解決策に至らなければ、相手と何度かやり取りをしてもよい

お礼を言う

自分の相談事のために時間を割いてくれたことにお礼を述べる。その後、進展があればその相手に報告してお礼を伝える

事後報告をする

相手はアドバイスが生かされたのかどうか気になるもの。相談後に実施したこと、その結果どうなったかを相手に報告しよう。感謝の気持ちとお礼の言葉も忘れずに

雑談のメリットとポイント

雑談のメリット

・お互いのことを話すことで理解が深まる
・相手と仕事以外のつながりができる
・場を和ませる
・気分転換になり、リラックスできる
・普段から気軽に会話ができ、仕事でもコミュニケーションがとりやすい
・仕事のヒントや課題解決などにつながることがある

雑談のポイント

・相手が仕事に集中しているタイミングは避ける
・業務に支障のない範囲にする
・会話に結論を求めない
・相手の話や心の動き、感情に共感を示す
・相手が職場で開示していることや相手から切り出す話題は、会話を広げてもOK

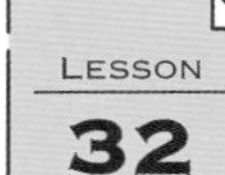

トラブルとクレームは優先で対応

ここがポイント！

❶ トラブルほど迅速に報告する

❷ クレームには誠実な態度で対応する

❶ トラブルほど迅速に報告する

トラブルなどのマイナスな情報ほど迅速に報告するようにします。トラブルには組織として適切に対処しなければなりません。1人で何とかしようとすると、ますます悪化させてしまう可能性があります。トラブルの兆候が見えた時点で、まずは**管理者である上司に報告し、一緒に対応を考えましょう。**

トラブル解決は最優先事項です。上司が忙しそうにしていても、「トラブルがあり、今、報告してもよろしいですか？」と断って報告します。トラブルの経緯は感情に左右されず、**客観的に振り返る**こと。事実と感情を分けておくことも大切です。上司へ報告するときも、言い訳をしたり、事態を小さく見せようとしたりせず、客観的にありのままを伝えます。

❷ クレームには誠実な態度で対応する

クレームを受けたときは、組織の代表として、慌てずに対応しましょう。信頼感を損なわないように、次のような心がけで相手に接します。

誠実な態度：組織の体制や商品・サービスの改善のチャンスをもらえたと受け止め、感謝の気持ちを込めて誠実な態度で対応しましょう。

問題点を聞く：相手の話を最後までよく聞き、相手が問題としている点を把握します。ときには相手に質問して確認することも大切です。

最後に、迷惑や損害を与えてしまったことをお詫びし、折り返し連絡して改善策を提案します。クレームに誠実に対応することで、相手との信頼関係が強まることもあります。**トラブルから学んだことを今後にどう生かしていくかを考える**ことが重要です。

パッと見てわかる！ 図解まとめ

トラブル対応の具体的な流れ

トラブルの経緯を確認する
トラブルの内容と、**それに至る経緯**を客観的に把握する。自分の責任の範囲も切り分けておく

上司に報告して対応する
事実に即して**トラブルの内容を報告し**、**指示を受ける**。言い訳や責任転嫁をしない。上司の指示に従って行動する

関係者に説明して謝罪する
自分に責任がなくても、関わった者として非を認め、**経緯をていねいに説明して、心からお詫び**をする

方針に従って対応を実行する
トラブル対応の**方針に従って対応**する。気持ちを切り替え、誠実に対応する

改善策を講じる
トラブルが解決したら、今後同じことが起こらないように**改善策を考える**

謝罪に出向くとき

- あらかじめ電話をして、**伺う日程を決めておく**
- 普段より落ち着いた格好で
- 手土産には**お菓子**など（相手の好みに合ったもの）
- **最敬礼**と**分離礼**でお詫びの気持ちをきちんと伝える（P.16参照）

トラブル対応の具体例とクレーム対応のポイント

トラブル対応の具体例

- **納品した製品に不良品が混在していた**
  対応：不良品を返品する際に発生した費用を自社で支払う
  改善：不良品の廃棄ルートを見直し、混入経路を特定・根絶
- **連絡ミスにより納品の遅れが発生した**
  対応：ミスに気づいた時点で不足分を即日納品
  改善：電話取次用のメモを置き、伝言の方法を徹底
- **A社に送付するファイルをB社にメール添付で送った**
  対応：A社に誤送の事実を報告して謝罪 B社へファイル削除を依頼
  改善：機密ファイルを送付するときは社内の第三者チェックを経る

クレーム対応のポイント

- **相手の話を最後まで聞く**
  まずは組織の一員として対応し、言い訳や反論をしない。相手の話を最後まで聞き、何に対するクレームかを冷静に把握する
- **事実確認をする**
  相手の立場に立って事実かどうかを確認し、事実と推測の情報を切り分けて整理する
- **対応策や改善策を伝える**
  マニュアルにあるクレームであればマニュアルに沿って対応
  類例のないクレームは上司に相談し、対応策や改善策を決める

成果を出すためのタスクを決める

❶「何を」「いつまでに」「どこまで」進めるかの目標を決める

❷ 目標までのギャップを埋めるタスクを考える

❶「何を」「いつまでに」「どこまで」進めるかの目標を決める

あらゆる仕事には「目標」があります。目標とは、その仕事を行うことで**達成すべき成果や品質、数値など**のことです。目標があいまいなまま仕事を進めても生産性は高まりません。逆に、求められている目標を見誤り、時間を無駄に費やすだけではなく、不要な作業を行って成果から遠のいてしまうこともあり得ます。

仕事を任されたら、まず上司に目標を確認しましょう。**「何を」「いつまでに」「どこまで」進めるのか**を具体的に確認します。また、注意すべきことや優先すべきことがあれば、併せて聞きます。**期限や品質、達成度などの目標がわかれば、仕事の進め方も定まります**。その目標の達成に向け、必要な作業（タスク）を精査し、指定された期限までに行うための段取りを考えていけばよいのです。

❷ 目標までのギャップを埋めるタスクを考える

右図の「GROWモデル」を参考に、目標達成を実現するためのタスクを考えましょう。目標（Goal）が決まったら（❶）、現状（Reality）を客観的に見て、**目標と現状とのギャップを把握**（❷）します。次に、ギャップを埋めるのに使えそうな知識やスキル、手伝ってもらえそうな人などの資源（Resource）を確認します（❸）。そして、それらの資源を使い、**ギャップを埋めるために必要なタスクを挙げ**（❹）、**実行する方法や順序、時間**などを考えます。確実に目標を達成するためには、タスクの優先度を考える、タスクを短縮または省略するなどの意思決定（Will）が必要になります（❺）。こうして仕事の段取りを考えていくのです。仕事は期限までに、求められた品質で仕上げることが必要ですが、現実的でないときは「品質と期限のどちらが優先か」「最低限の水準はどこか」も確認しておくとよいでしょう。

パッと見てわかる！ 図解まとめ

GROWモデルで目標達成を実現する

Goal（目標）

❶達成すべき成果、品質、数値、到達点を具体的に決める

Reality（現状）

❷現状を客観的に見て目標とのギャップを把握する

Resource（資源）

❸使えそうな知識やスキル、手伝ってくれそうな人を確認する

Options（選択肢）

❹ギャップを埋めるためのタスクや方法、打ち手を挙げる

Will（意思）

❺実行すべきタスクや優先度を決める

時間

目標達成に向けた打ち手

作業量を増やす、手間を増やす、時間を増やす、やらないことを決める、かける時間を決める、コストをかける（外注など）、人に依頼する　など

要求に合った品質を高める

品質　商品やサービス、成果物、作業結果などにおいて、顧客の要求に合っているか、満足できるものかの程度（P.88参照）。満足度が高いほど品質が高いといえる

品質の良し悪しは、顧客の要求する特性によって変わる ▶ 品質を高めるには、リソース（人・手間・時間・資金など）を要する

例

精度が重視される

ミスが多い　→ 品質が低い

ミスが少ない → 品質が高い

品質を高めるには、**念入りに作業する**、チェック係を増やして**二重三重にチェックをする**

商品の触感が重視される

ザラザラする → 品質が低い

すべるようになめらか → 品質が高い

品質を高めるには、研磨工程を**熟練従業員が行う**、高性能の**仕上装置の導入**

信頼性が重視される

調査対象数が20人 → 品質が低い

調査対象数が1,000人 → 品質が高い

品質を高めるには、**調査スタッフの増員、調査期間の延長**

LESSON 34

優先度の高い仕事を着実に行う

ここがポイント！

❶ 仕事の期限によらない「優先度」を確認する

❷ 緊急度が低く重要度が高いタスクに意識を向ける

❶ 仕事の期限によらない「優先度」を確認する

仕事には、始業のミーティングに始まり、プロジェクトの進行管理、プレゼン資料の準備、取引先への営業訪問、見積書の作成など、さまざまな種類のものがあります。それらを期限の迫っている「緊急度」の高いものからスケジュールに組み込み、実行している人が多いでしょう。ただ、緊急度だけに気を取られていると、あなたが実現したいと思っている企画の立案や、将来を見据えたスキルの習得など、**期限の決まっていない「重要度」の高いものが後回し**になってしまう可能性があります。そこで、仕事に取りかかる前に、「優先度」を確認するようにしましょう。自分が抱えている**タスクをすべて書き出し、タスクごとに優先度を決める**のです。優先度を決める際は、重要度と緊急度の軸で分けたマトリクスに、自分のタスクを配置していくと効果的です。

❷ 緊急度が低く重要度が高いタスクに意識を向ける

緊急度とは「すぐに対応しなければならないか」、重要度とは「仕事の意義や影響が大きいか」を表します。最も優先度が高いのは、緊急度も重要度も高い右上のAのタスクです。次に優先度が高いのは、左上のBのタスクです。緊急度が低いため後回しにされがちですが、「1日1時間は着手する」などと決めて**長期的に少しずつ着実に取り組み**、自己実現やスキルアップにつなげましょう。

緊急度は高いものの重要度が低い右下のCのタスクは、本当にその作業が必要かどうかを考えます。他のメンバーに依頼するか、予算が許せば外注などを検討します。緊急度も重要度も低い左下のDのタスクは極力削減していくか、空き時間に行うことを考えましょう。

パッと見てわかる！ 図解まとめ

重要度と緊急度でタスクの優先度を決める

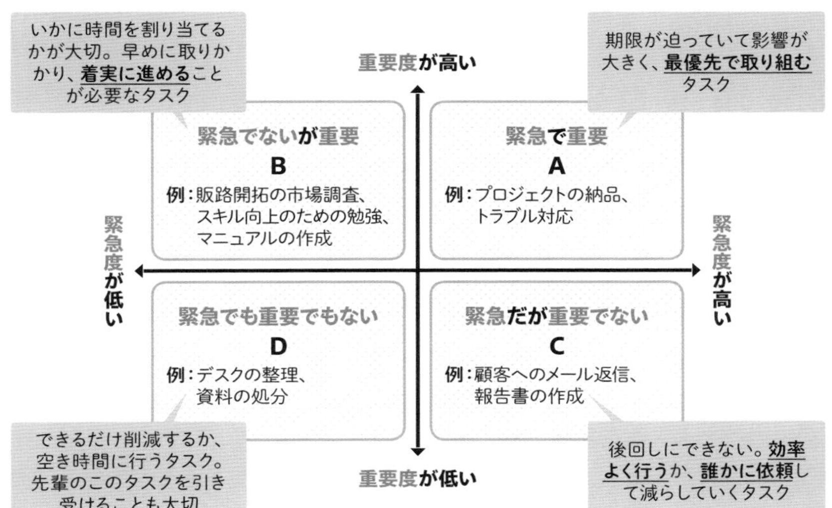

優先度を決めるポイント

最優先にするタスク

- □顧客に対応するもの
- □トラブルやクレームに関するもの
- □納品間際のプロジェクトの進行
- □指示をしたり決めたりなど自分が起点となるもの

優先するタスク

- □関係者とコミュニケーションをとりながら共同で進めるもの
- □スケジュールや予算などの検討
- □上司に指示されたもの
- □数分程度で終わるタスク
  その場で即実行

優先度の低いタスク

- □自分だけで完結するもの
- □ある程度の余裕があり、あとからでもできるもの

後回しにし続けていると緊急度が高くなることもあるので、コツコツと定期的に行う

タスクを細分化・具体化する

❶ 日・週・月単位でタスクを振り分ける

❷ タスクを細かく分割する

❶ 日・週・月単位でタスクを振り分ける

その日に行うタスク（作業）を決めるには、現在抱えているタスクをすべて書き出し、優先度を確認することが重要です（P.82参照）。優先度を確認したら、**日・週・月の単位でタスクを振り分けていきましょう**。日・週・月単位で予定を書き込める手帳やスケジュール表を用意し、どの期間にタスクを行うかを考え、書き込んでいきます。その際、**「何を」「いつまでに」「どこまで」進めるかの目標が明確になっている**必要があります（P.80参照）。

タスクを振り分けたとき、1日や1週間で行うことが多すぎる場合は、優先度によって別の日や週に行う、誰かに手伝ってもらうなどを検討します。タスクの振り分けが不安なら、上司に確認してもらうとよいでしょう。

❷ タスクを細かく分割する

タスクは細分化して考えることが重要です。大がかりなタスクを一度に行おうとしても、まとまった時間はなかなかとれません。そんなときは**タスクを細分化**します。たとえば「企画書作成」なら、「企画書作成」という大きなタスクとするのではなく、「類似企画の動向調査」「市場の調査」「企画案を上司に相談」「企画書の書式へ落とし込み」といった具合に小さく分け、具体化するのです。

このようにタスクを小さく分けることで、**個々のタスクにかかる時間が見通せる**ようになり、**各タスクを複数の日程に分けて取り組むことができる**ようになります。また、具体的な内容にすることで、着手もしやすくなります。

タスクを小さく分けたら、それらもすべて書き出して予定に振り分けましょう。それぞれのタスクに作業時間を設定しておくと、効率化も図れるようになります。

パッと見てわかる！ 図解まとめ

タスクの細分化の例

できるだけ細かく分ける

具体的な数字を挙げる

新規顧客の獲得

① 顧客候補へのアポイントメント
② 商談用の資料の準備
③ 面会による商談
④ 商談内容の調整・まとめ

細分化

①顧客候補へのアポイントメント

□候補の洗い出し・絞り込み（5件）… 2時間
□候補先の情報収集 ………………… 2時間
□説明内容の準備 …………………… 30分
□電話かけ …………………………… 1時間
□フォローメール …………………… 30分

②商談用の資料の準備

□収集した情報のまとめ …………… 1時間
□資料の流れとコンセプトを設計 …… 1時間
□資料のドラフト作成（上司チェック）… 2時間
□最新事例の調査 …………………… 1時間
□資料の清書 ………………………… 1時間

目安の作業時間も想定しておく

細分化の主なメリット

- 各タスクを行うのに必要な工程や作業量がわかる
- 各タスクにかかる時間が見通せるようになる
- 必要なタスクを意識して細分化することで、無駄なタスクを省ける
- タスクをチームで共有しやすくなり、分担もできるようになる
- 目標を細かく設定することで、モチベーションを持続できる

ToDoリストの例

□ 営業会議　優先度大
□ 議事録の作成　優先度中（締切：9/25）
□ A社に資料送付　優先度大
□ A社の経路調査　優先度中
□ 9月の経費精算　優先度小（締切：9/30）

優先度を書き、重要なものはマーキングをしておく。優先度の高いものから終わらせるようにする

並べ方は自由。優先度順、または同じ業務ごとに並べてもよい

ToDoリストは1日や1週間などの単位で、行うべきタスクを挙げたもの。さまざまな種類のタスクが混在する

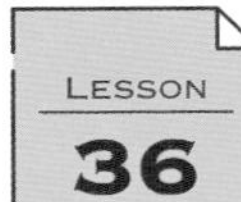

タスクをスケジュールに振り分ける

ここがポイント！

❶ 1日を3つの時間帯に分けてタスクを振り分ける

❷ 目標時間を決めて作業に取り組む

❶ 1日を3つの時間帯に分けてタスクを振り分ける

仕事に必要なタスクを細分化し、各タスクの優先度を確認したら、適切なタイミングでタスクを実行できるように、スケジュールに振り分けていきましょう。その際、1日を**「午前」「午後」「夕方」の3つの時間帯に分け、各タスクをそのいずれかに振り分けていく**のがおすすめです。そして、「この時間帯にこのタスクを行う」と予約（アポイントメント）するのです。慣れないうちは1日ごとに、前日の夕方か当日の朝に予定を決め、着実に実行するようにしていきましょう。

自分の**生活リズムを把握してタスクを振り分けることも大切**です。たとえば、「午前中は頭がさえているけれど、午後になると疲れてくる」という人は、午前中には集中を要する作業を、午後には単純作業を振り分けましょう。

❷ 目標時間を決めて作業に取り組む

任された仕事を、指定された期限までに、高い品質で仕上げるためには、各タスクの作業時間や、全体的なスケジュールを管理することも大切です。主に次の点を考慮し、時間を無駄に費やさないように意識して仕事に取り組みましょう。

・各タスクの作業時間を決めてから取りかかる

各タスクにかかる時間を見積もっておき、それを目標時間とします。たとえば在庫チェックなら、「10個のチェックに1分かかるので300個で30分」といった具合です。そして30分を目標に作業を進め、途中で**遅れがないか確認**します。

・重要度の高いタスクを行う時間を確保する

緊急度の低い作業は後回しになりやすいため（P.82参照）、**緊急度が低くても重要度の高い作業は先にスケジュールに組み込んでおきましょう。**

パッと見てわかる！ 図解まとめ

タスクをアポイントメントに振り分ける

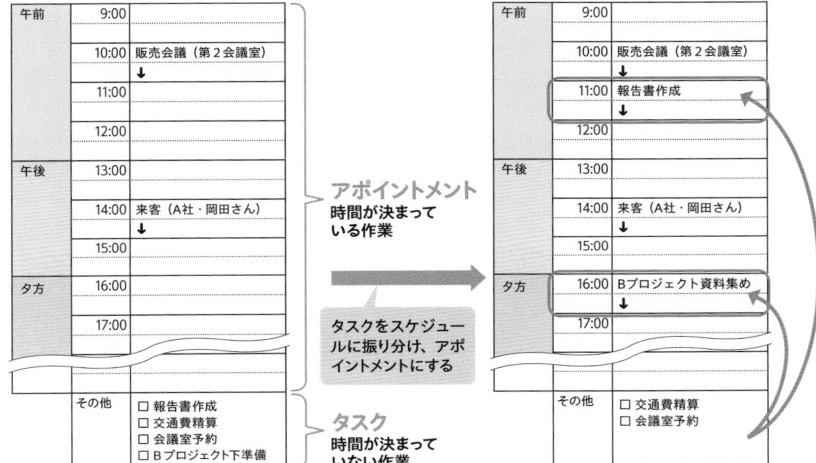

ゴールデンタイムに難しいタスクを入れる

朝一番や休憩後など、頭がさえている時間帯に難しいタスクを入れ、集中的に取り組む

できるだけまとまった時間を確保する

基本的に仕事はまとめて取り組んだほうが効率的。最初は必要以上に完成度を高めない

集中できないときは単純作業を入れる

集中できないときは単純作業を挟み、ペースをつかむ。他の人の手伝いをしてもよい

スケジュール管理のポイント

スケジュール管理のための工夫

- スケジュールは期限から逆算して立てる
- 並行するタスクを見越して期間を調整する
- チームの共有カレンダーなどでスケジュールを作成し、メンバー全員が作業量や予定を把握できるようにしておく
- 1日ごとの作業量と、期限までの残り日数の両方をチェックし、期限までに作業が完了するかを常に把握しておく
- 突発的な出来事などに対応できるように、余白の時間（バッファ）を設けておく
- 締切をこまめに設け、集中力や作業効率を高める

スケジュール管理のチェックポイント

次の項目のチェックが多いほどスケジュール管理が苦手といえる。時間に追われるのではなく、時間をコントロールする意識が重要

- □ 毎日バタバタしている
- □ バタバタしている毎日がけっこう好き
- □ 期限ギリギリになるまでタスクに手をつけないことが多い
- □ そして間に合ってしまう
- □ 休日も仕事をしてしまう
- □ 忙しい毎日からいつまで経っても解放されない

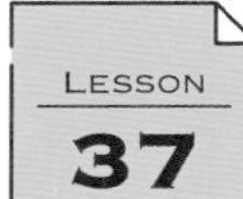

高い品質を目指して仕事をする

❶ 時間とコストを考慮して高い品質を目指す

❷ 品質を高める進め方を考えて確認する

❶ 時間とコストを考慮して高い品質を目指す

仕事では、作業結果や成果物の品質を高めることが求められます。とはいえ、品質を追求するあまりに、指定された**期限をオーバーしてしまっては意味がありません**。期限に間に合わないと、次の工程にも遅れが生じます。ときには商品やサービスが完成せず、本来得られるはずの利益を逃してしまうこともあり得ます。

また、品質を高めるためには、時間だけではなく、コストもかかります。高い品質を追求した結果、予定していたコストをオーバーしてしまっては、利益を確保できません。**取引先や上司などが求める品質を目指しながら、常に時間とコストとのバランスを考慮することが重要**なのです。

❷ 品質を高める進め方を考えて確認する

製品の設計やデータの集計、見積書の作成などは、とくに**「正確性」や「精度」が重視されます**。たとえば、集計したデータの数字を一桁間違えただけでも深刻なトラブルにつながる危険性があります。そうした危険性を回避するため、複数の人で数字を確認するダブルチェックなどを行います。

こうした、正確性や精度などの品質が重視されるタスクは、「期限に間に合わせるために最低限の作業を行えばよい」というものではありません。一つひとつの作業について、**高い品質が保たれる進め方を検討**し、その進め方に必要とされる時間を見積って上司に確認しましょう。期限に間に合わない場合は、その分の期間を確保してもらうか、他の人に手伝ってもらうか、できる範囲まででよいとするかなどを、上司に判断してもらいます。自分１人で判断するのではなく、求められる品質や作業量、進め方などについて、上司に確認することが重要です。

パッと見てわかる！ 図解まとめ

品質・コスト・時間のバランスを考える

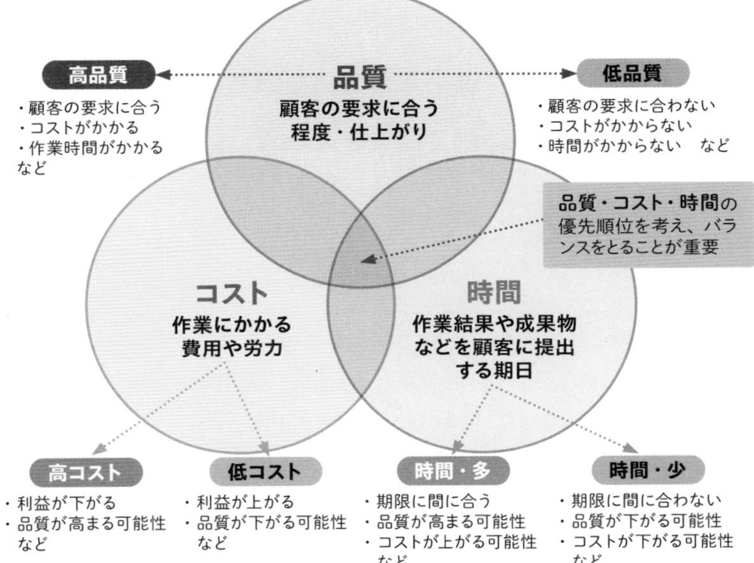

品質が優先される作業の例

- データの集計で、金額や数量、日付や時間などを正確に記載する
- 見積書の作成で、費目、数量、費用などを正確に記載する
- 製品の設計で、不良品の発生や作業ミスなどが出ない作業フローにする

品質を高める工夫

- 顧客が求める品質を常に意識する
- 成果物や作業結果の価値を考える
- 上司や先輩にチェックしてもらう
- 複数の資料を参照してチェックする
- 時間をおいて見返す
- 数字（金額や数量、日付や時間）に注意する

ワンポイント アドバイス

効率的な品質向上の方法

「品質優先」というと、最初から100％の仕上がりを目指すことと考えがちですが、もし手直しをすることになると、かえって時間やコストがかかってしまいます。そこで、まずは仕上がりの６割ほどのドラフト（下書き）段階で上司や同僚から意見を聞くなど、求められる品質について確認したりアドバイスをもらったりすることで、時間やコストの損失が少なく、品質を高めていくことができます。

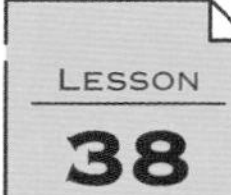

期限やコストを守って仕事をする

❶ 期限を守って進めるための段取りを考える
❷ コストの範囲内で品質を高める

❶ 期限を守って進めるための段取りを考える

仕事は期限があってこそ成り立ちます。期限を守って仕事をすることで、計画どおりにプロジェクトを進行できます。あとの工程に遅れが発生せず、他の人も計画どおりに仕事が進められ、無駄なコストや時間を費やすことがありません。そして、商機を逃さずに商品やサービスをリリースでき、想定に外れない範囲で売上が立ち、従業員の給料などに反映されるのです。

品質も重要ですが、**期限も基本的に必ず守らなければならないもの**です。仕事を任されたときは、まず期限を確認し、その期限までに完成させるための段取りを考えましょう。作業時間が足りなければ、他の人に手伝ってもらうなど考えます。あるいは、作業を省略して効率化する必要もあるかもしれません。いずれも仕事の段取りを検討し、**作業の品質や進め方などを上司に確認**したうえで取り組みましょう。

❷ コストの範囲内で品質を高める

仕事では、人件費、原料費、機器の運用費など、あらゆることにコストがかかります。仕事は**コストを一定に抑えることで、利益を確保できる**ようになります。逆にコストが超過すると、利益が出ないだけではなく損失になることもあります。

コストはただ抑えればいいというわけではなく、**求められている品質を下回らないようバランスを考えなければなりません。**目標とする品質を定めたうえで、それを実現するのにコストが超過しそうであれば、外注への依頼を取りやめたり、品質を再検討したりする必要があるでしょう。生産性を高めるための機器の導入など、長期的な利益のために一時的なコストを投じるといった見極めも必要です。

パッと見てわかる！ 図解まとめ

作業方法や段取りを見直して期限を守る

期限　商品やサービス、成果物、作業結果などにおいて、あらかじめ決められた提出の時期や作業期間などのこと。基本的に守らなければならない最終の日時

期限を守るための工夫

- 期限より前の日時に締切を設定する
- 途中経過を上司に報告する日程を入れる
- スケジュールに余白の時間（バッファ）を設けておく
- 複数人で分担して作業に当たる
- 単位時間の作業量を決め、それを守る
- こまめに関係者と連絡をとり、お互いの進捗を確認する

1人で抱え込まないことが大切

かかる費用を見直してコストを抑える

コスト　商品やサービス、成果物、作業結果などにおいて、それらを完成させるうえで必要になる費用や労力、時間などのこと。売上からコストを差し引いたものが利益

コストを抑えるための工夫

- あらかじめ圧縮した予算を立てておく
- 不要な外注化を取りやめる
- 原料費を見直し、別の調達先を検討する
- 作業を自動化するツールを使う
- 取引先との打ち合わせはオンライン会議を活用する
- 資料や備品などの使い回しが可能かを考える

常にコスパを考えて作業に当たる

PART 4 仕事の進め方の基本

Column アジャイルの手法を身につける

小さな単位で修正と完成を繰り返す手法

品質、コスト、時間のほか、仕事を進めるうえで意識したい考え方のひとつに「アジャイル」があります。アジャイルは「機敏な」「俊敏な」という意味ですが、仕事を小さな単位の作業に分け、その作業ごとに上司やメンバーにチェックしてもらい、こまめに修正を繰り返して完成に近づけていくという手法です。

一般的な業務では、プロジェクトの始動から完成までを請け負い、完成した製品やサービスを顧客に届けるという流れが多いでしょう。すでに仕様などが決まっている製品であれば問題ありませんが、新しい製品を開発する際には、顧客のニーズに合わないと、やり直しのリスクが大きくなります。

そういったとき、アジャイルの手法を取り入れれば、小さな単位でプロジェクトの成果を顧客にチェックしてもらうことができます。それにより、顧客のニーズに沿った製品を開発できるようになり、大きなやり直しの発生も起こりにくくなります。さらには開発期間の短縮につなげることも可能です。

VUCAの時代に必要とされるアジャイル

アジャイルの手法を取り入れたとしても、成果の品質が低ければ、次のステップにつなげることができません。小さな単位の作業品質を高く保ちながら、短い期間で顧客のチェックを受け、修正を繰り返して完成に近づけていくのです。

P.2「はじめに」で取り上げたように、変化が激しく、先行きが不透明な「VUCAの時代」においては、顧客ニーズに迅速かつ柔軟に対応できる手法として、多くの組織でアジャイルが採用されています。

新型コロナウイルスの感染拡大や、気候変動対策のためのエネルギーの転換、DX(デジタルトランスフォーメーション)の進展など、外部環境の変化が絶え間なく起こるなか、従来に通用した知識やスキルなどが今後も有用であるとは限りません。知識やスキルなどは、習得したら生涯生かすことができるものではありません。そうした点でもアジャイルの手法でこまめに情報を取り入れ、日々アップデートを繰り返しながらスキルアップをしていくことが重要です。

5章

コミュニケーションツールの基本

状況に応じてツールを使い分ける

ここがポイント！

❶ 電話やメール、チャットなど多様なツールがある
❷ 相手、目的、場面に応じて使い分ける

❶ 電話やメール、チャットなど多様なツールがある

「コミュニケーションツール」とは、**情報や意思の伝達・共有などに使われるツール**の総称です。ビジネスでは電話やビジネス文書、メールに加え、チャットやオンラインミーティング、グループウェアなどのツールも使われています。

職場にはパソコンやヘッドセットなどがあり、インターネットなどの通信環境が整えられていて、メールはもちろん、チャットやオンラインミーティングなどを手軽に行うことができます。その一方で、電話もまだまだ活用されています。また儀礼を重んじた交流や、作業の共有、予算の提示などではビジネス文書も活躍します。まずは**コミュニケーションをとるための手段が多様にある**ことを理解し、そのなかから適切なツールを選ぶことが求められます。

❷ 相手、目的、場面に応じて使い分ける

コミュニケーションツールは**相手や目的、場面で使い分けましょう**。ツールを使うことで、仕事の効率化やコミュニケーションの活性化などが期待できますが、相手や目的、場面を考慮してツールを選ばないと、かえって効率が悪くなったり、誤って情報が伝わったりする可能性があります。

たとえば、外部の相手とはメールでのやり取りが一般的になっていますが、緊急を要する連絡や、ニュアンスを伝えたい相談などは、電話による口頭での説明が適しています。半面、日付や金額などの情報を伝えたり、詳細な作業内容を共有したりする目的には向きません。そのようなときは、文字情報として履歴が残り、あとからでも確認しやすいメールやビジネス文書を用いるとよいでしょう。このように、状況に応じてツールを使い分けることが重要なのです。

パッと見てわかる！ 図解まとめ

主なツールの特徴と使い分け

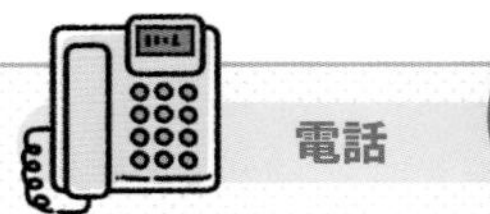

電話

内外両用
緊急の要件

音声によりリアルタイムで情報や意思のやり取りができる。緊急時や重要な要件を伝えるときによく使われる

メリット

- その場ですぐに情報を伝えられる
- その場ですぐに確認ができ、比較的ニュアンスを伝えやすい

デメリット

- 相手に時間的な制約を強いる
- 情報を履歴として残せず、伝え忘れや聞き間違いなどが起こりやすい

メール

内外両用
情報共有

文字により1件ずつ用件をまとめて情報を発信できる。履歴として残り、外部の相手とのやり取りに多く用いられる

メリット

- 自分のタイミングで読むことができる
- 履歴が残り、いつでも見返せる
- あとからメールを検索して確認できる

デメリット

- 形式があり、作成に時間がかかる
- 返信があるまで読まれたかわからない
- 送信後に修正や削除ができない

チャット

内部用
連絡や報告

短文の文字により連絡や報告、確認、簡易的な相談などができる。スタンプも利用でき、チーム内などでよく使われる

メリット

- 形式を気にせず気軽にやり取りできる
- 相手のタイミングで読むことができる
- 比較的素早く情報をやり取りできる

デメリット

- 読まれたかわからないことがある
- 取引先などとの儀礼を重んじた交流にはNG

オンラインミーティング

内外両用
情報共有

アプリやヘッドセット、カメラを介して参加者がオンライン上の映像と音声で話し合う。テレワークでよく用いられる

メリット

- 参加する場所を選ばない
- 資料を共有できる
- 履歴は映像や音声のデータになる

デメリット

- 事前準備が必要
- インターネット環境に左右される

ツールの使い方の注意点

- 相手を第一に考え、マナーや言葉遣いに配慮する
- 電話やチャットは業務時間外や昼食の時間帯などを避ける
- できるだけ用件を簡潔にまとめて連絡し、チャットは短文を心がける
- 感情的なメッセージは送らない
- プライベートな内容を送らない
- 組織内でツールを使うルールが決まっている場合はそれに従う

相手からの返答を待つことも必要

チャットや社内SNSなどには、既読を知らせる機能がありますが、既読が付いたからといって、相手がすぐに返事ができる環境にあるかどうかはわかりません。急ぎの場合は電話をするなど他のツールを利用しましょう。自分が返信するときは、できるだけ迅速に対応すると、ビジネスがスムーズに進みます。

積極的に電話を受ける

❶ 電話が鳴ったら積極的に出る

❷ 組織の代表として誠実な応対を心がける

❶ 電話が鳴ったら積極的に出る

電話応対の第一声で組織の第一印象が決まります。電話応対は新人の仕事ととらえ、電話が鳴ったら積極的に出るようにしましょう。**電話での受け答えや取り次ぎがスムーズにできるようになると、周囲からも信頼される**ようになります。また電話の取り次ぎにより、組織内の人の名前や所属部署なども覚えられるので一石二鳥。取引先や担当者なども覚えながら電話を受けましょう。

はじめは苦手意識があるかもしれませんが、次第に慣れてくるもの。**電話応対が上手な先輩がいれば、その言葉遣いや応対を見本にしてもよい**でしょう。

電話に出るときはまず「はい」と応答し、続いて組織名を名乗ります。「お電話ありがとうございます」と最初に言うなど、組織内のルールがあれば従います。

❷ 組織の代表として誠実な応対を心がける

電話応対では、電話に出たあなたの応対により、組織の印象が左右される可能性があります。組織の代表としての自覚をもち、誠実な応対を心がけましょう。

電話では顔が見えない分、声や話し方などの耳からの情報に集中するため、あなたの姿勢や心構えは想像以上に相手に伝わるものです。**背筋を伸ばし、口角を上げ、相手へ敬意を払いながら、ワントーン高い声ではっきりと**話しましょう。

電話応対は、**迅速・簡潔・正確**が基本です。電話をしている時間を意識し、電話が鳴ったら3コール以内に出るようにします。デスクには、いつでも伝言を書きとめられるように、メモ用紙とペンを用意しておきます。受話器は利き手と反対の手でとり、利き手側にペンとメモを置きます。応対時には、名前の聞き間違いや用件の取り違いなどがないよう、**重要な内容は復唱して確認しましょう。**

パッと見てわかる！ 図解まとめ

電話に出てから取り次ぐまでの流れ

電話に出る

受話器を取り、組織名を名乗る

- ベルが鳴ったら3コール以内に出る
- 3コール以上鳴ってから出るときは「お待たせいたしました」と言う

外線の場合

- 受話器をとり、組織名を名乗る
- 部署などへの直通電話の場合は部署名も名乗る

「お電話ありがとうございます、株式会社○○○でございます」

内線の場合

- 受話器をとり、部署名と自分の名前を名乗る

「お疲れ様です、営業部の高橋です」

挨拶をして電話の相手を確認する

- 相手の組織名や名前を聞き取り、挨拶をする

「○○社、藤田様でいらっしゃいますね、お世話になっております」

取り次ぎ先を確認する

用件を確認して取り次ぐ (→P.98)

- 取り次ぎ先を聞き取り、確認する
- 用件があればメモし、復唱する。数字や名前は間違えないように念入りに確認
- 自分宛の場合は「わたくしでございます」と言って話し始める

取り次ぐ場合

「製品Aの開発状況について、開発部の岡田でございますね、少々お待ちいただけますか?」

自分宛の場合

「わたくしでございます」

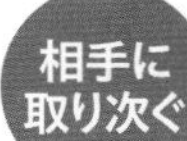

相手に取り次ぐ

- 相手にお待ちいただくことを了承してもらう
- 電話を保留にする

相手が名乗らないとき

「失礼ですが〜」「恐れ入りますが〜」と前置きして組織名と名前を尋ねる

ワンポイント アドバイス

営業電話を断るときもていねいな応対を

取り次ぎ先を言わないなど、明らかに取引先と異なる営業電話に関しては、はっきりと断ります。ただし、最低限のマナーを守り、相手を不快にさせる言葉遣いや表現は避けましょう。下記の文例を参考に、ていねいな応対を心がけます。

「あいにく、今のところ検討しておりません」

「申し訳ありませんが、弊社では新規のお取引を控えさせていただいております」

LESSON 41

電話をていねいに取り次ぐ

ここがポイント！

❶ 取り次ぐ相手にもていねいに応対する

❷ 取り次げない場合は伝言を承る

❶ 取り次ぐ相手にもていねいに応対する

電話を取り次ぐときは、取り次ぎ先の相手が電話に出るまで、責任をもって応対しなければなりません。取り次ぐ相手にも誠実・ていねいに接し、**電話をかけてきた人の組織名や名前、用件などを迅速・簡潔・正確に伝えます**。

取り次ぐ際、**いったん電話を保留にしますが、待たせすぎない**ようにします。30秒を限度として取り次ぐ相手を探すか、内線をかけます。電話をかけてきた人の組織名や名前、用件などはメモをとっておき、口頭で取り次ぐときはメモも一緒に渡すとよいでしょう。

❷ 取り次げない場合は伝言を承る

取り次ぎ先の相手が外出や会議などで不在の場合や、別件の電話に応対している場合などは、**電話をかけてきた人にその旨を伝えてお詫びをします**。

不在などで取り次げなかったときは、組織内の取り次ぐ相手から電話を折り返すのが基本です。電話をかけてきた人の意向も考慮し、「○○(名前)が戻り次第、折り返しお電話をいたしましょうか？」と言って確認をとります。その際、念のため、相手の電話番号を確認しておきましょう。伝言があればその内容もメモをとり、復唱して確実に伝えられるようにしておきます。

電話をかけてきた人から「改めてお電話をいたします」と言われることもありますが、どんな場合でも取り次ぐ相手には**電話があったことを知らせるメモ**を残しておきます。急ぎの用件の場合は、先輩や上司に相談し、電話を代わってもらうか、取り次ぐ相手のスマートフォンに連絡するなどを検討します。ただし、**本人の確認なく、プライベートの電話番号を教えるのはNG**です。

パッと見てわかる！ 図解まとめ

電話を取り次ぐときの流れ

取り次ぎ先を聞き取り、確認する

- 取り次ぐ相手の名前を聞き取り、確認する
- 相手にお待ちいただくことを了承してもらう
- 用件があればメモし、復唱する

「製品Aの開発状況について、開発部の岡田でございますね、少々お待ちいただけますか？」

30秒以内

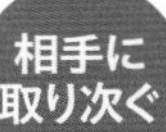

相手に取り次ぐ

- 電話を保留にする
- 取り次ぐ相手を探し、電話の相手の組織名や名前、用件などを伝える
- 取り次ぐ相手が電話に出たら応対完了

「お疲れ様です、営業部の高橋です。岡田さんに○○社の藤田様から製品Aの状況についてお電話です」

内線で伝えるとき

- 内線では最初に自分の名前を名乗る「お疲れ様です、営業部の高橋です」
- 内線を使うときも言葉遣いに配慮し、誠実に伝える

取り次ぎ先の相手が不在のときの流れ

状況を伝える

取り次ぐ相手の状況を伝える

- 取り次げないことを伝え、お詫びをする
- 理由を詳細に述べない（戻り予定の時刻がわかれば伝える）

不在の場合

「申し訳ありません、ただいま席を外しております」

電話中の場合

「申し訳ありません、あいにく別の電話に出ております」

電話を折り返すことを伝える

- 取り次ぐ相手から電話を折り返すのが基本
- 相手の都合を考慮し、意向も確認する

折り返す旨を伝える場合

「戻り次第、こちらからご連絡いたしましょうか？」

電話を切る

電話番号を確認して電話を切る

- 電話を折り返すときは電話番号を確認する
- 電話番号や伝言などは復唱して確認する
- 自分の名前を名乗り、承ったことを伝える

電話番号を確認する場合

「恐れ入りますが、念のため電話番号をお教えいただけますか？」

承ったことを伝える場合

「かしこまりました、営業部の高橋が承りました。失礼いたします」

電話メモの書き方

- 電話があったことを知らせる電話メモを必ず残す
- 5W3Hをわかりやすく伝える
- メモは目のつくところに置く

3月3日（水）14:13
岡田 様

○○社の藤田様よりお電話があり
4日（木）10時からの打合せを、
10時半に変更してほしいとのこと。
折り返しお電話してください。
03-××××-××××
高橋 受

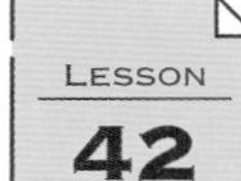

相手に配慮して電話をかける

❶ 相手に時間を割いてもらっていることに配慮する

❷ 不在のときは緊急度に応じて要望を明確に伝える

❶ 相手に時間を割いてもらっていることに配慮する

ビジネスでは電話を受けるだけではなく、緊急の連絡や混み入った相談など、電話をかけることが必要な場面も出てきます。電話をかけるときは、**相手に貴重な時間を割いてもらっていることに配慮**しましょう。まずは電話が最適な手段かどうかを考え、メールなどでも目的を果たせそうであれば、そちらを使うことも検討します。また電話をかけると決めた場合も、あらかじめ話す内容をまとめておき、メモやペンを用意して短時間で簡潔に話すようにします。電話をかける時間帯にも気を配りましょう。混み入った相談などでは、話したい内容を先にメールで伝え、相手が電話に出られそうな時間帯を聞いておくという方法もあります。

電話口では、**ゆっくりとていねいに、ハキハキと話す**ようにします。電話を切るときには、応対してもらったことについてお礼を述べましょう。

❷ 不在のときは緊急度に応じて要望を明確に伝える

電話をかけたときに相手が不在であれば、**緊急度に応じて対応を考えます**。緊急度がそれほど高くない場合は、あなたからかけ直すか、伝言をお願いするとよいでしょう。緊急度が高い場合は、できるだけ早く連絡をとれるよう、「戻り次第、折り返しの連絡がほしい」旨を電話に出た人に伝えます。また、至急連絡をとりたい場合は、電話に出た人から目的の相手のスマートフォンへ連絡を入れてもらうか、他に対応できそうな人に代わってもらうなどの方法があります。

相手が不在のときにあいまいな応対をしてしまうと、次のアクションがとりづらくなることがあります。電話に出た人に遠慮することなく、「またかけ直す」「折り返し連絡がほしい」などの要望を簡潔かつ明確に伝えましょう。

パッと見てわかる！ 図解まとめ

電話をかけるときの流れ

電話をかける

名前を名乗って挨拶をする

・まず電話をかける
・先方が出たら、組織名と名前を名乗り、挨拶をする

「株式会社○○の高橋と申します。
いつもお世話になっております」

取り次いでもらう

相手の部署名と名前を伝える

・話したい相手の部署名と名前を伝え、電話を取り次いでもらう

「恐れ入りますが、営業部の
藤田様はいらっしゃいますでしょうか？」

主題を話す

挨拶をして主題を伝える

・相手が出たら、目的の相手であることを確認し、挨拶をする
・用件の主題を伝え、相手の都合を聞く

「株式会社○○の高橋です、
いつもお世話になっております。○○の件でおうかがいしたいことがあり、お電話をいたしました。
今、お時間よろしいでしょうか？」

用件を話す

用件を簡潔に話す

・お礼を述べて話し始める
・用件を簡潔にまとめて話す
・話が終わったら、お互いの理解が一致しているかを確認する

「ありがとうございます。早速ですが、○○について〜」
「○○の件は、〜〜ということで、承知いたしました」

電話を切る

お礼を述べて電話を切る

・お礼を述べて電話を切る
・電話はかけたほうから切るのが基本

「お忙しいところ、お時間をいただきましてありがとうございました。失礼いたします」

電話をかける前の準備

・話す内容をまとめたメモ、ペン、必要な書類、相手先の電話番号・所属先・名前を用意しておく
・受話器は利き手と反対の手でとり、利き手側にペンとメモを置く
・カレンダーや時計も見える位置に置く

電話をかけるときの注意点

・始業直後、終業直前、昼食の時間帯などを避け、相手が電話に出られやすい時間帯にかける
・混み入った内容はあらかじめメールで連絡するか、あとから文書にまとめて送るなど、他のツールも併用
・電話をする時間を区切り、話が長くなりそうならメールなどに切り替える

緊急度に応じた不在時の対応

緊急度 高 → 低

・**本人に連絡をとってもらう**
「緊急の要件なので、ご連絡をとっていただけますか？」
・**折り返し電話をもらう**
「お戻り次第、高橋までお電話をいただけますか？」
・**自分から改めて電話する**
「14時頃に改めてお電話をいたします」
・**伝言をお願いする**
「ご伝言をお願いしてもよろしいでしょうか？」
・**電話したことを伝えてもらう**
「お電話した旨、お伝えいただけますでしょうか？」

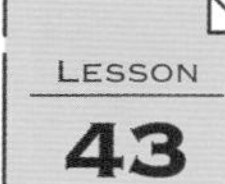

スマートフォンのマナーを守る

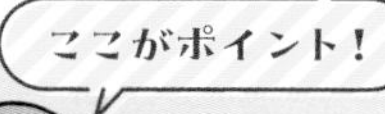

❶ 話す環境や電波、バッテリー残量に注意する

❷ 固定電話を優先し、緊急時に携帯端末にかける

❶ 話す環境や電波、バッテリー残量に注意する

外出先やテレワークなどでは、ビジネスでもスマートフォンなどの携帯端末を使う機会があります。携帯端末による応対の方法は、基本的に固定電話と同じです。ただし、話したい相手に直接コンタクトがとれ、いつでもどこでも電話を受けたりかけたりできるからといって、自由に連絡をとっていいわけではありません。**携帯端末であるからこそ、十分な配慮**が求められます。

まず電話をかける場合は、**周囲に話している内容が漏れず、雑音などを拾わない静かな環境**を選びましょう。また途中で電話が切れないよう、**電波が良好**で**バッテリー残量が十分にある**ことも確認が必要です。

また勤務中は携帯端末をマナーモードに設定しておき、プライベートの電話やメール、SNS投稿などには使わないようにしましょう。

❷ 固定電話を優先し、緊急時に携帯端末にかける

電話をかけるときは、なるべく固定の代表電話や部署の電話を優先し、不在の場合に、名刺やメールの署名などで公開されている携帯端末にかけるようにします。個人的に携帯端末の電話番号を教えてもらっていても、緊急のとき以外でかけることは控えましょう。相手の携帯端末に電話をかけたときは、電話がつながった際に、まず**相手が落ち着いて話ができる状況にあるかどうかを確認**してから話し始めます。また、用件はできるだけ簡潔に済ませましょう。

反対に携帯端末で電話を受けるとき、移動中や騒がしい環境などでは無理に電話をとらず、**話をするのに適した環境に移動してから、着信のあった電話番号にかけ直す**ようにします。その際、最初に一言、お詫びを述べるとよいでしょう。

パッと見てわかる！ 図解まとめ

スマートフォンでやり取りする際の注意点

話す環境に配慮する

周囲に不特定多数の人がいることに留意
- 固有名詞（組織名や名前など）、仕事の内容（商品名やプロジェクト名、価格など）をむやみに話さない
- 電車内で電話をしない、大声で話さない、など基本的なマナーを守る

静かな環境で簡潔に話す
- 静かな環境に移動する
- 移動中は無理に受けない
- 立ち止まって話をする

電話をする端末などに注意する

- 電波の状態を確認しておく
- バッテリー残量を確認しておく
- メモがとれる用意をしておく
- かかってきた電話の相手と緊急度を考え、電話に出るかを検討する
- 帰社中に電話がかかってきたら、会社に戻るまでにかかる時間を考え、電話に出るかを検討する

電話をかける相手に配慮する

- まず固定電話を優先し、固定電話が不在の場合に携帯端末の電話番号にかける
- 緊急時以外は就業時間内にかける
- 話をしてよいかどうかを先に確認する
- 用件はできるだけ簡潔にし、長々と話をしない

● スマートフォンでの応対の文例

静かな環境に移動してかけ直すとき

「株式会社○○の高橋です。先ほどはわたしの携帯電話にご連絡いただいたようですが、移動中で対応できず、失礼いたしました」

混み入った話になりそうなとき

「申し訳ございません、ただいま外出先ですので、この件は社に戻ってから改めてご連絡をさし上げてもよろしいでしょうか？」

固定電話から着信があり相手が不明なとき

「株式会社○○の高橋と申します。先ほどわたしの携帯電話宛にお電話をいただいたようなのですが、どなた様かおわかりになりますでしょうか？」

固定電話が不在で携帯端末にかけるとき

「株式会社○○の高橋と申します。外出先にお電話してしまい申し訳ありません。□□の件でご連絡いたしましたが、今、お話ししてもよろしいでしょうか？」

留守番電話にメッセージを残す流れ

相手の名前を確認する：「藤田様のお電話でよろしいでしょうか？」
組織名と名前を伝える：「株式会社○○の高橋です」
用件の主題を伝える：「○○の件でご連絡をさし上げました」
要望を伝える：「15時に改めてご連絡いたします」「（電話番号）にご連絡ください」
終わりの挨拶で締める：「失礼いたします」「よろしくお願いいたします」

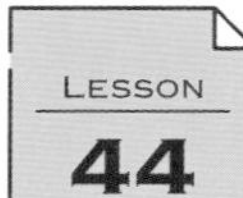

簡潔で明確なメールを作成する

❶ まとまった情報を伝えられるが緊急時には適さない

❷ メールの形式に則って文面を作成する

❶ まとまった情報を伝えられるが緊急時には適さない

ビジネスで中心的に利用されるコミュニケーションツールは、メールです。メールは**時間を気にせずに送信でき、相手は自分のタイミングで内容を確認**できます。また文字により、**ある程度まとまった情報を伝えられる**ため、詳細な作業内容の共有などに適しており、履歴が残るのであとから見返すこともできます。

一方で、いつ読まれるかがわからず、**緊急を要する連絡には適していません**。また相手と直接話すわけではないので、ニュアンスや感情などが伝わりにくいことがあります。さらに、文面作成に時間がかかるという難点もあります。

メールは、ビジネス文書と比べると簡易的なものとはいえ、外部に送信する場合は公的な文書として扱われ、形式がある程度決まっています。冒頭や末尾に挨拶文を入れる、正しい言葉遣いをするなど、マナーに配慮して作成しましょう。

❷ メールの形式に則って文面を作成する

メールを作成する際は、主に次の点を押さえておきましょう。

件名・内容を明確に：多くのメールをやり取りするため、ひと目で用件がわかる件名にし、5W3Hや結論を意識した、具体的で簡潔な文面を心がける。

形式を守る：時候の挨拶は不要だが、冒頭には相手の組織名や部署名、名前と敬称、挨拶文、末尾には締めの挨拶文を入れる。

1メール1用件：1つのメールで1つの用件を伝えるのが原則。複数の用件があるときは、別のメールで送る。

署名を入れる：自分の名前、組織・部署名、住所、電話番号、メールアドレスなどを末尾に入れ、相手が連絡をとりやすいようにしておく。

パッと見てわかる！図解まとめ

メールの書き方

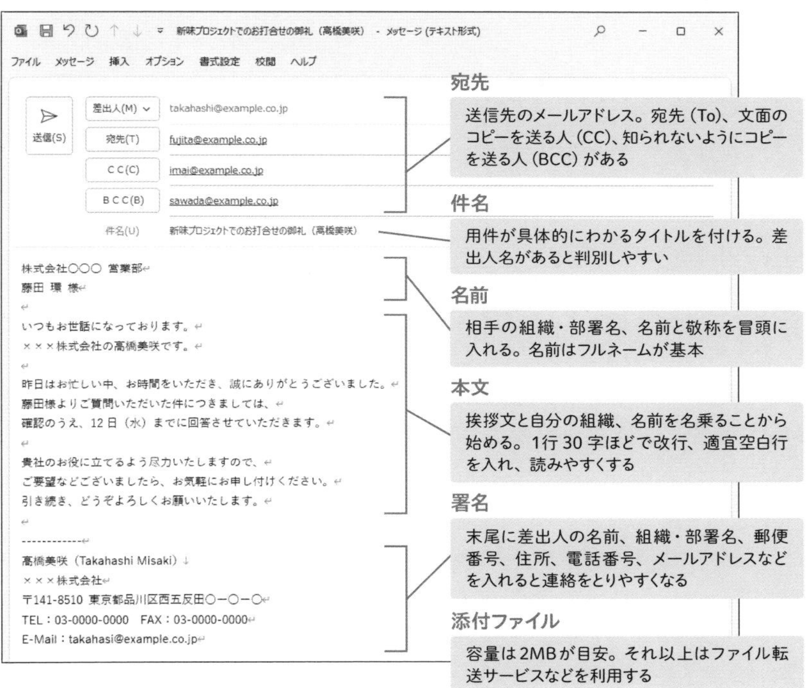

●宛先の使い分け

To	送信する目的の相手
CC （カーボンコピー）	情報を共有したい相手。誰に送信したかをToの相手にもわかってもらう
BCC （ブラインドカーボンコピー）	情報を共有したい相手だが、ToとCCの相手に送信したことやメールアドレスを知られないようにする

●返信のポイント

- 定期的にメールをチェックして、必要なメールに返信する
- メールへのお礼、案件の可否など、簡潔に返事をする
- メールの用件にすぐに対応できなくても、受信したことを先に返信しておく（24時間以内が望ましい）
- 返信時に件名に「Re:」が付くが、異なる内容で返信するときは新しいメールを作成する
- 元のメールを残しておくと、あとから経緯を確認しやすい。ただし、メールの往復が多いとメール自体が重くなるので、適切なタイミングで新規メールに変更する

送信前にメールをチェックする

1. 送信前のチェックを確実に行ってミスを防ぐ
2. 宛先の指差し確認、ファイルの開き直しなどが有効

1 送信前のチェックを確実に行ってミスを防ぐ

メールは手軽で便利な半面、ミスやトラブルが起こりやすいツールでもあります。**送信前のチェックを確実に**行いましょう。また、通信環境の不具合などで送信できていないこともあります。送信時に「送信済み」になったかどうかまで見届けるようにします。

メール送信でよくあるミスは、**ファイルの添付漏れ**です。送信前にきちんと添付したかどうかを確認します。また容量の大きいファイルを添付すると、送信スピードが遅くなったり、エラーになったりすることがあります。通信環境にもよりますが、添付ファイルの容量は2MBを目安にし、それを超えた容量のファイルを送りたい場合は、ファイル転送サービスなどを利用しましょう。

2 宛先の指差し確認、ファイルの開き直しなどが有効

メールでは、送信する相手を間違えたり、BCCではなくCCで送信したり、また目的と異なるファイルを添付する、といったことも起こりやすくなります。こうしたミスをしてしまうと、信用を失うだけではなく、**情報漏えいや損害賠償などの大きなトラブルに発展**しかねません。

たとえば、一度送信したメールを別の用途で流用するときなどは、元の名前のままになっていたり、前の文面が残っていたりしないかをよく確認しましょう。宛先は、送信前にTo欄やCC欄、BCC欄、名前などを**指差ししながら確認**すると、アナログながら効果があります。添付ファイルは、送信前にファイル名を確認するだけではなく、**再度開いて内容を見直します**。また送信後も、正しく送信されたかどうか、**送信済みのメールを開いて確認**しておきましょう。

パッと見てわかる！ 図解まとめ

メールのチェックポイント

メールのチェックリスト

- □ To、CC、BCCのメールアドレスは正しいか
- □ 相手の組織・部署名や名前は正しいか
- □ 件名はひと目でわかる内容か
- □ 金額や日付などの数字は合っているか
- □ 不必要な個人情報などが含まれていないか
- □ 相手の質問にすべて答えられているか
- □ 要点を簡潔で明瞭に伝えられているか
- □ 誤字や脱字はないか
- □ 間違ったファイルを添付していないか
- □ 添付ファイルの容量が大きすぎないか
- □ 正しく送信されたか（「送信済みトレイ」に入ったかを確認）

文字化けの恐れがある記号に注意

- ・半角カタカナ文字：ｱ、ｲ、ｳ、…　など
- ・丸付き文字：①、②、③、…　など
- ・ローマ数字：Ⅰ、Ⅱ、Ⅲ、…　など
- ・特殊記号：～、＼、－、¢、¬、…　など
- ・省略文字：(株)、(有)…　など
- ・機種依存文字：㍉、㎜、㍻、…　など

●容量の大きいファイルを送る方法

ファイル転送サービスを利用する

ファイル転送サービスを提供しているWebサイトにファイルをアップロードすると、ダウンロード用のURLが発行されます。そのURLを相手に伝えれば、アクセスしてダウンロードできるようになります。

クラウドサービスを利用する

Googleドライブなどのクラウド上の保存領域にファイルをアップロードし、そのURLを相手と共有する方法があります。共有相手は、URLにアクセスしてファイルをダウンロードできるようになります。

ワンポイント アドバイス

誤送信に気づいたら

すぐに送信した相手に連絡して謝罪し、受信メールを削除してもらうなどの対応を依頼します。連絡はメールとともに、電話でも行うようにしましょう。
同時に、上司にも報告し、今後の対応についての判断を仰ぎます。対応が決まったら、再度相手に連絡します。ミスの理由と再発防止策を伝え、誠意をもって謝罪することが大切です。

メールの文例

いつもお世話になっております。
×××株式会社の高橋美咲です。

先ほどお送りいたしましたメールにつきまして、
宛先の入力を間違え、誤って藤田様にお送りしてしまいました。

こちらの確認不足により、誤ってメールを送信してしまいましたこと、深くお詫び申し上げます。
誤送信のメールは下記のものです。

送信日時：20XX年4月18日（火）15:45
差出人：takahasi@example.co.jp
件　名：新規企画のご提案につきまして

大変恐れ入りますが、上記メールを開封せずに
削除していただきますようお願い申し上げます。

こちらの不手際により、藤田様にお手間をおかけしてしまいまして、誠に申し訳ございません。改めてお詫びを申し上げます。
今後、同様の問題が発生しないよう、確認の徹底を行ってまいります。
今後とも、何卒よろしくお願い申し上げます。

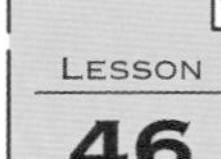

LESSON 46 簡潔・正確にビジネス文書を書く

ここがポイント！

❶ 正確・確実に伝えられるのがビジネス文書のメリット

❷ テンプレートを活用して効率よく書く

❶ 正確・確実に伝えられるのがビジネス文書のメリット

ビジネスでは組織内外を問わず、挨拶や案内、情報共有、意思表示、記録といった目的で多くのビジネス文書がやり取りされます。これは、「文書」という制約のある形式に情報を精査してまとめることで、**正確に伝達できる、確実に記録できるといったメリット**があるからです。主要な媒体が紙から電子へと移行しても、ビジネス文書が必要とされるシチュエーションは変わらないでしょう。

ビジネス文書は、発信する対象で分類すると、組織外へ発信する社外文書と、組織内へ発信する社内文書に分かれます。**とくに社外文書は、組織からの公式な発信として受け取られ、その内容によっては組織の信用を左右しかねません。**将来まで記録として残る重要なものと心得て、慎重に作成しましょう。

❷ テンプレートを活用して効率よく書く

ビジネス文書の種類は多岐にわたり、それぞれ形式が異なりますが、いずれも基本的な書き方は変わりません。要点を簡潔にまとめるようにし、枚数もなるべく少なく収めることが重要です。同じ形式で作成された、ひな形となる**テンプレートが組織内にある場合はそれを活用**し、次の基本を押さえて作成しましょう。

目的と対象を明確に：どんな目的で、誰に向けて書くかを意識し、件名などで最初に内容を明示する。

簡潔にわかりやすく：本文は結論を先に書き、要点をまとめる。一文を短くし、理解や判断がしやすい表現にする。箇条書きを使うと簡潔になる。

正確・具体的・過不足なく：時間や金額など、数字は書き方を統一し、正確に書く。あいまいな表現を避け、5W3Hを明確にする。

パッと見てわかる！ 図解まとめ

ビジネス文書の種類

社外文書	社交文書	挨拶状、招待状、祝賀状、礼状、詫び状、見舞状　など
	取引文書	案内状、送付状、依頼状、催促状、照会状、回答状、注文書、見積書、請求書、納品書　など
	営業文書	ダイレクトメール、チラシ、企画書、提案書、プレゼン資料、催事案内、パンフレット　など
社内文書	報告書	日次（週次・月次）報告書、事故報告　など
	記録文書	会議議題、議事録、人事記録　など
	伝達文書	案内文、回覧文、通知文、依頼文　など
	提案文書	企画書、提案書、稟議書　など
	指示・命令文書	指示書、通達、辞令　など
	届出文書	休暇・欠勤届、申請書、始末書、身上関係書類　など
	帳票類	売上伝票、出金伝票、経費精算書　など

ビジネス文書の基本

目的と相手を明確に

「商品説明会の案内を既存顧客に対して」など、どんな目的の文書を、どんな相手に向けて書くかを意識し、伝える情報を精査する

1件につき1文書

文書に件名（タイトル）を付け、1件につき1文書とする。複数の用件がある場合は、件名を変えて別文書にする

わかりやすい構成

作成日時、作成者、件名、概要、箇条書きなど、定型の要素でわかりやすく構成し、内容が理解できるようにする

正確に

名前、日付、時間、金額、条件、電話番号、メールアドレスなど、数字や固有名詞などに注意し、内容に誤りがないようにする

簡潔に

結論を先に書き、要点をまとめる。情報が多すぎたり、遠回しな表現があったりすると伝わりづらくなる。箇条書きも活用する

わかりやすい表現

一文を短くし、理解や判断がしやすい表現にする。専門用語や難解な言葉ではなく、平易な言葉を用いる

具体的・過不足なく

あいまいな表現を避け、5W3Hを明確にし、よけいな情報や足りない情報がないようにする

文体の統一

「だ・である調」あるいは「です・ます調」にし、文書内で統一する。時間や金額など、数字は書き方を統一する

日付など省略しない

日付は発信日を、年月日を略さず記載する。「株式会社」なども略さず、前に付けるか後に付けるかを確認しておく

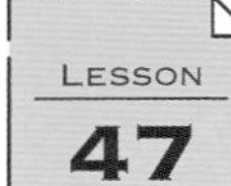

社外文書を礼儀に配慮して書く

ここがポイント！

❶ 組織の意向を明確に伝える

❷ 礼儀を重んじて表現に配慮する

❶ 組織の意向を明確に伝える

組織外の取引先とのやり取りに用いられる社外文書は、**組織を代表して発信される公式な文書**として受け取られます。「組織の顔」となるものでもあるので、形式や礼儀を重んじて作成する必要があります。業務上の事務的な用件でも、**相手の立場に立ち、言葉遣いや敬語表現**に気をつけましょう。そのうえで、**組織の意向をきちんと反映させた内容にする**ことが大切です。

社外文書は種類ごとに形式が決まっているので、それぞれの書き方を身につけておきましょう。案内状や送付状、提案書など、新人にも社外文書を作成する機会はあります。**組織を代表して発信する**という意識をもって作成することが大切です。テンプレートをひな型として作成するときは、名前や作成日、件名などが原文のままにならないよう、文書を送る前に十分にチェックしましょう。

❷ 礼儀を重んじて表現に配慮する

挨拶状、招待状、礼状、詫び状などの社交文書と呼ばれるものは、**感謝や謝罪などの気持ちを伝え、相手との関係を円満に保つ**ことを重視しています。社外文書の一種で、作成の際は次のようなマナーに配慮し、**礼儀を重んじて表現を選ぶ**ようにします。

縦書きが基本：礼儀を重んじる文書ほど、縦書きや手書きの形式で作成される傾向がある。縦書きの場合、数字は漢数字にする。

件名は書かない：他の文書と異なり、事務的な件名は書かない。

タイミングを重視：他の文書もタイミングが大切だが、発信の必要性が生じた時点で素早く出すことが求められる。

パッと見てわかる！ 図解まとめ

社外文書の例

●案内状の例

20XX年4月8日

株式会社 玉円丸
営業部　藤田 慎吾 様

株式会社 四角三角
企画開発部　高橋美咲

〇〇展示会のご案内

拝啓　陽春の候、貴社におかれましてはますますご清栄のこととお慶び申し上げます。平素は格別のご愛顧を賜り、厚く御礼申し上げます。

このたび弊社は、5月27日～5月31日に新宿エキビジョンセンターにて開催されます〇〇展示会に出展する運びとなりました。

開催期間中は、新商品××を直接ご体験いただき、皆様からのご意見・ご要望を賜りたく存じます。そのほか、当社人気の商品をそろえた無料体験会も実施いたします。

ご多忙の折、誠に恐縮ではございますが、皆様お誘い合わせの上、ぜひご来場いただきますようお願い申し上げます。

まずは書中をもってご案内を申し上げます。

敬具

記

開催日時：5月27日（月）～5月31日（金）10時～18時
会　　場：東京都新宿区△△1-1-1　新宿エキビジョンセンター3階
アクセス：JR山手線・東京メトロ新宿駅より徒歩5分
同封資料：会場までの案内地図・会場内の自社ブースの案内図
お問合せ先：高橋美咲　電話：03-0000-0000
メール：misaki@example.co.jp

以上

頭語：字下げなしで文頭に入れ、スペースを空けて時候の挨拶を続ける

時候の挨拶：季節ごとに表現が変わる

結語

発信日
発信する日付を省略せずに入れる

受信者名
組織の正式名称（組織名、部署名、役職名）と名前には「様」を付ける（組織は「御中」、役職は「殿」）

発信者名
発信者の組織の正式名称と部署名、名前を入れる

件名
文書の内容を表す簡潔な件名を付ける

前文
頭語を文頭に入れ、時候の挨拶や日頃の感謝の言葉を書く

主文
改行して1行空け、「このたび」「さて」などから本題に入る

末文
主文の内容のまとめや、終わりの挨拶を述べ、結語で締める

記書き
「記」と記し、詳細を箇条書きで簡潔にまとめ、「以上」で締める

●礼状（縦書き）の例

株式会社 玉円丸
営業部　藤田 慎吾 様

拝啓　新秋の候、ますますご健勝のこととお慶び申し上げます。日頃は格別のご厚情を賜り、誠にありがとうございます。

さて、先日は株式会社 菱形台形・営業部の鳥居拓馬様をご紹介くださいまして、誠にありがとうございました。

さっそく商談会に参加させていただきました。残念ながら今回は受注に至りませんでしたが、鳥居様とは次回のお目通しの日時を取り決めることができました。山田様のご高配に心から御礼申し上げます。

まずは、ご報告と御礼を申し上げます。

敬具

令和×年九月二日

株式会社 四角三角
営業部　高橋美咲

主文
改行して1行空け、「このたび」「さて」などから本題に入る

末文
主文の内容のまとめや、終りの挨拶を述べ、結語などで締める

日付
末尾に字下げなしで入れる。数字は漢数字

発信者名
末尾に下詰めで入れる。ビジネスの色合いが濃いときに入れる

前文
他の社外文書と同じ。めでたいことではない見舞状やお悔やみ状などでは「前略」のみにとどめる

礼儀を重んじる場合は手書きにする

LESSON 48

社内文書をわかりやすく書く

ここがポイント！

❶ 業務の流れを理解して社内文書を作成する

❷ 必要な要素を揃えて素早く作成する

❶ 業務の流れを理解して社内文書を作成する

社内文書は**組織内の業務を円滑に進めるために作成**します。最低限のマナーと言葉遣いに気をつければ、形式はあまり重視されません。時候の挨拶や頭語・結語なども不要です。重要なのは、**簡潔にわかりやすくまとめる**ことです。

社内文書を作成するためには、たとえば実施された会議の内容だけではなく、会議に関連する業務の経過や取り組み、課題などを正確に理解していなければなりません。その理解があることで、会議の位置付けも把握でき、関係者が必要とする情報を抽出して簡潔にまとめることができるのです。そのため、新人のうちは、報告書や議事録を作成する役割を引き受けることで、組織内の業務をきちんと理解できるようになるというメリットもあります。作成した文書は、あくまで**組織内の公的な文書**です。組織のルールに従って適切に保管しましょう。

❷ 必要な要素を揃えて素早く作成する

報告書や議事録などは組織内で数多く作成されており、ひな型となる**テンプレートが用意されている**こともあるので、まず上司や先輩に確認してみましょう。テンプレートがあれば、それをもとに、次のような基本を押さえて作成します。

発信日：西暦か元号かは文書内で統一する。日付は省略せずに入れる。

受信者名と発信者名：受信者となる相手の部署名と名前などと、発信者(作成者)であるあなたの部署名と名前を入れる。

簡潔な件名：「〇〇の案内」など、文書の内容がわかる簡潔な件名を付ける。

主文：横書きを基本として、頭語や挨拶は省略し、伝達する内容を簡潔にまとめる。最後に右下に「以上」を入れて締めくくる。

パッと見てわかる！ 図解まとめ

社内文書の例

●報告書の例

20XX年7月16日

人事部　速水健介様

企画開発部　高橋美咲

社外研修会の受講報告書

このたび、社外研修を受講しましたので、下記の通りご報告いたします。

記

・研 修 名：ビジネスマナー研修
・主　　催：ビーエム株式会社　研修事業部
・日　　時：20XX年7月12日（金）　10時～16時
・会　　場：品川駅前カンファレンスセンター　3号室
・参加人数：23名
・研修内容：
　1．知識編（身だしなみ、立ち居振る舞い、挨拶、言葉遣い、ビジネス文書）
　2．実践編（表情、お辞儀、電話応対、来客対応、訪問、オンライン会議）

・感　　想：
　今回の研修は、社会人として仕事をするうえで身につけておくビジネスマナーを習得できる貴重な内容でした。最初の知識編で、ビジネスマナーが必要な理由を学んだおかげで、納得して実践編に入ることができました。
　実践編では、グループのメンバーから「お辞儀がぎこちない」と指摘されました。これまで経験したことのない動作で、いまだに慣れていませんが、チームのメンバーやお客様に接していくなかで自然な振る舞いを身につけていきます。

以上

発信日
発信する日付を省略せずに入れる

受信者名
部署名・役職名、名前には「様」を付ける。複数の場合は「各位」（例：部長各位）

発信者名
部署名と名前を入れる

件名
文書の内容を表す簡潔な件名を付ける

主文
頭語、時候の挨拶、前文は不要。簡潔に切り出す

記書き
「記」と記して、以下の内容は箇条書きで簡潔にまとめる

感想
5W3Hを意識して具体的に書く

結語
結びに「以上」を右詰めで入れて締めくくる

・基本は「です・ます」
・できるだけ1枚にまとめる

●議事録の例

20XX年11月11日
企画開発部　田代 誠

企画開発部会議 議事録

日　　時：20XX年11月8日（金）　13時～15時
場　　所：本社2階 第2会議室
出 席 者：湊 慎二、結城真奈美、林 健斗、阿部敏之、綾瀬春乃、高橋美咲
欠 席 者：森 正一（出張のため）

議　　題：○○商品開発の決定について
決定事項：試作品の実食会を2月20日（木）に実施
　　　　　販売計画書を11月22日（金）までに作成（作成者：綾瀬）
審議事項：価格設計
次回予定：11月29日（金）13時～15時 本社2階第2会議室にて

以上

議事録
開催日時や場所、出席者、議題、討議内容などを簡潔に記録し、実務的に伝えることを重視する

議題
本文に埋もれないよう目立たせる

・数字は算用数字（1、2、3……）を使う
・固有名詞と熟語、概数は漢数字（三番町、第一印象、数十人など）
・桁数の多い数字は算用数字と漢数字（1,300億円、450万円など）

納得しやすい企画書をつくる

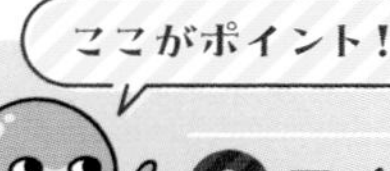

❶ アイデアを練り上げて相手を納得させることが必要

❷ 相手に寄り添い、論理的で実現性のある内容を提示する

❶ アイデアを練り上げて相手を納得させることが必要

新商品の開発や業務フローの見直しなどにおいては、企画書や提案書の作成が必要とされます。企画書や提案書は、組織内に新しいアイデアを発信するだけではなく、**顧客に向けて課題解決の提案をするといった目的**で用いられることもあります。企画書と提案書はいずれも似た目的で使われますが、**企画書は主に新商品や新規事業などのアイデアや実行計画などをまとめたもの、提案書は主に課題やニーズに対する解決策などをまとめたもの**といえます。

企画書や提案書は、相手が納得できるように背景や目的、戦略、リソースなどをまとめる必要があり、形式が決まっている他の文書とは性質が異なります。アイデアを掘り下げ、情報を十分に収集し、関係部署に相談しながらまとめ上げるという難度がありますが、企画や提案が実ったときの効果は大きいといえます。

❷ 相手に寄り添い、論理的で実現性のある内容を提示する

単にアイデアを出すだけでは相手を納得させることはできません。次の点を重視し、相手の課題やニーズに寄り添った解決策を提示することが大切です。

共感を得る：相手の課題に寄り添った内容にする。提案内容をストーリーにして提案することで、相手の共感を得て判断しやすくなる。

論理性がある：相手が納得して判断するためには、提案内容の論理が一貫していることが必要。その論理を裏付けるデータも重要となる。

実現性がある：提案内容を実現するためには、具体的な実行計画とともに期間、費用、体制なども必要。実現性があることを示す情報も盛り込む。

わかりやすい：相手に伝わる表現で、細部ではなく全体像を示すようにする。

パッと見てわかる！ 図解まとめ

企画書と提案書の作成のポイント

企画書
新規プロジェクトのアイデア

【対象】
・組織内、顧客、協力機関、新規取引先など
・意思決定者や決裁者、プロジェクト担当者（プロジェクトの裁量権がある人）

【目的】
・事業上での新しいプロジェクトのアイデアや実行計画などをまとめ、関係者の賛同を得て、実際の業務として稼働させること

【具体例】
・新商品や新製品など、事業上で必要な新規プロジェクトの立案
・新規事業など、事業外の分野を新たに開拓するための新規プロジェクトの提案
・イベント開催やWeb展開など、事業上での販売促進を目的とした方策の提案　など

提案書
課題解決のアイデア

【対象】
・組織内、顧客、協力機関、新規取引先など
・意思決定者や決裁者、プロジェクト担当者（プロジェクトの裁量権がある人）

【目的】
・事業上の課題やニーズに対し、解決策や対応策などをまとめ、関係者の賛同を得て、実際に方策を導入すること

【具体例】
・生産性を高めるため、業務フローを見直し、新たな工程やシステムなどを導入する提案
・商品の認知度を高めるため、市場調査を行い、Web広告などを展開する提案
・ポテンシャルの高い人材を採用するための採用計画と会社説明資料の改善提案　など

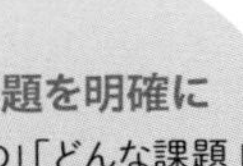

●作成のポイント

課題を明確に
「誰の」「どんな課題」を解決するのかを具体的に挙げる

市場を分析
市場の調査と分析を行い、市場の需要が高いことを示す

実現性を示す
企画実施に必要な期間、費用、体制とともにリスクも明らかにする

期待感を与える
企画実施により得られる利益や効果などを明らかにする

相手に寄り添った提案が必要

提案する内容が以下を満たすものになっているかをチェックする。

・共感を得るものか
・論理性があるか
・実現性があるか
・わかりやすいか

実現性が高く、わかりやすい内容とするために、6W2Hを意識して作成する。

Who（誰が）、What（何を）、Whom（誰に）、When（いつ）、Where（どこで）、Why（なぜ）、How（どのように）、How much（いくらで）

提案の形式は3種類

提案の形式は大きく分けて、募集型、非募集型、非公式型がある。

募集型：依頼者（組織）が解決したい課題などを発信し、提案を募る。応募が多ければ、入札制となることもある

非募集型：提案者の発意で、課題解決や新規事業などを実現したい組織に提案する

非公式型：依頼者の発意で、特定の提案者に課題解決などの提案を依頼する

グループウェアで情報を共有する

❶ 積極的に情報を伝え、更新された内容を確認する
❷ ツールの機能を活用して業務を円滑に進める

❶ 積極的に情報を伝え、更新された内容を確認する

組織内での情報や意思の伝達・共有においては、社内SNSやグループウェアなどのツールも活用されます。社内SNSは、チャットや掲示板といった機能により、**メンバー間のコミュニケーションを活性化**するためのものです。グループウェアも社内SNSと似た用途で使われますが、メンバー間での作業（タスク）の共有やスケジュールの管理などの機能が主に充実しています。

いずれも組織内で円滑にコミュニケーションをとるためのもので、メールのような形式は求められません。最低限のマナーと言葉遣いなどに配慮したうえで、**積極的に使うことが大切**です。仕事の進め方を相談する、スケジュールの変更を連絡するなど、スムーズに業務を進められるように活用していきましょう。また、頻繁に更新される情報を見落とさないよう、**こまめに確認**することも重要です。

❷ ツールの機能を活用して業務を円滑に進める

社内SNSやグループウェアの主な機能を、目的に合わせて活用しましょう。

チャット機能：メンバー間やグループ内で、短文のメッセージやスタンプなどによりリアルタイムでやり取りできる。迅速な連絡や相談などに適している。

掲示板機能：オンライン上のホワイトボードとして連絡や報告を掲示できる。カテゴリ分けや検索ができ、共有情報やノウハウなどを蓄積しておける。

スケジュール管理機能：メンバーやプロジェクトのスケジュールを掲示し、納期や進捗などを確認できる。イベントの挿入やスケジュールの調整も可能。

ファイル共有機能：ファイルをアップロードしてメンバー間で使い回すことができる。場所や端末などに制約されず、共同作業を進めやすい。

パッと見てわかる！ 図解まとめ

社内SNSとグループウェアの主な機能

コミュニケーション

作業内容の変更や相談事などがあったとき、メンバー間で素早くやり取りをして、作業の報告・連絡・相談などが行える。

- チャット機能
- Webメール機能
- オンラインミーティング機能　など

業務効率化

メンバー個人の予定や、プロジェクトの進行予定などの確認や調整が行える。会議室や備品などの予約や管理などの機能もある。

- スケジュール管理機能
- タスク管理機能
- 議事録作成機能　など

情報共有

メンバー間で共通に使うファイルや住所録、会議の議事録などをアップロードし、相互に追加・更新・管理などができる。

- ファイル共有機能
- オンラインストレージ機能
- アドレス帳機能　など

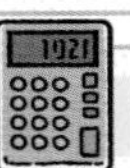

その他

その他、申請書の回覧や経費の集計、勤務時間の登録など、業務で必要になるさまざまな機能を備えている。

- 申請書作成機能
- 経費精算機能
- 勤怠管理機能　など

チャット機能の主なメリット

- メンバー間やグループ内でリアルタイムで素早くメッセージをやり取りできる
- スタンプなどで感謝や同意などの感情を伝えることができる
- ビデオ通話やファイル共有の機能もあり、意思疎通がしやすい
- 都合のよいときにメッセージを閲覧可能
- 記録として残り、「言った・言わない」のトラブルを防止できる

ツール活用のポイント

- 組織内での使い方を確認し、それに従う
- 遠慮せず積極的にツールを使い、先輩や同僚などとコミュニケーションを図る
- 短文で素早く、高頻度でやり取りをする
- スタンプや絵文字、顔文字を活用し、感情を伝えるようにする
- ツールをチェックする時間を定期的に設ける

ワンポイント アドバイス

仕事とプライベートは明確に分ける

プライベートのSNSはセキュリティが低いなどのリスクがあるので、仕事ではなるべく利用しないほうがよいでしょう。また、企業のコンプライアンス（法令遵守）などの観点から、次のような行為は控えるようにしてください。

- 仕事で得た情報、仕事の不満や愚痴をSNSに投稿する
- プライベートのSNSで組織内外の人へ友達申請やイベント参加を強要する
- 業務時間内にプライベートのSNSを見たり投稿したりする

Column 複数のツールを組み合わせて使う

メリット・デメリットを理解して使い分ける

これまでに紹介してきたように、コミュニケーションツールにはさまざまな種類があり、各ツールでメリットとデメリットがあります。相手や目的、場面に応じて適切なツールを使うと、仕事がスムーズに進められるようになります（P.94参照）。

たとえば同じ案件でも、次のように段階ごとにツールを使い分けることで、仕事の迅速性と正確性が高まります。

複数のツール活用例

・ビジネスチャットでやり取りしたあと、相手にはメールで詳細な資料を送って確認してもらい、その後、電話かオンラインミーティングで細かなニュアンスを話して決定する。

・急なオンラインミーティングの開催をビジネスチャットで送って出欠をとり、オンラインミーティングで打ち合わせを行う。欠席者には録画した動画を見てもらい、チャットで補足意見をもらう。

ツールの機能の比較

	対面	電話	オンラインミーティング	メール	チャット
情報量	◎ 非言語情報も受け取れる	○ 言語情報を受け取れる	○ 非言語情報も受け取れる	△ テキスト+ファイルが受け取れる	△ テキスト+ファイルが受け取れる
スピード	△ 訪問の時間がかかる	○	○	△ すぐに開封されるとは限らない	◎
記録	△	△	◎	○	○
同期性	◎	◎	◎	△	○
コスト	△	○	○	◎	◎

6章

会議やプレゼンの
基本

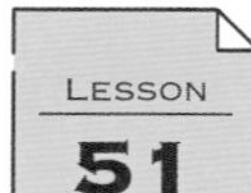

事前準備をして会議に参加する

ここがポイント！

❶ 会議は意見を出し合って意思決定をする場

❷ 会議に必要な情報を収集し、意見をまとめておく

❶ 会議は意見を出し合って意思決定をする場

「会議」とは、議題に対して意見を出し合ったり、現場の情報を共有したりしながら議論を進め、**今後の方針について意思決定をする場**です。組織が同じ目標に向かって仕事を進めていくうえで欠かせないものといえるでしょう。会議の規模や議題などにより進行はさまざまですが、基本的な流れは次のとおりです。

議題の共有：最初に会議の目的やゴール、前提条件などを参加者で共有する。

意見交換　：プレゼンテーションをしたり意見を出したりして、議論を交わす。

方針の決定：議論の内容を整理し、次のアクションを決める。参加者はその後、会議で決められたアクションを実行し、次の会議などで報告する。

❷ 会議に必要な情報を収集し、意見をまとめておく

会議に招集されるということは、**あなたが会議に参加する必要性がある**ということ。参加者として会議を有意義なものにするために準備をしておきましょう。

・会議の目的を把握する

営業方針の検討、業務フローの見直し、新規案件の体制構築など、**会議の目的が何か、会議のゴールはどこか**を事前に把握し、会議の流れをイメージします。

・会議に必要な情報を収集する

会議の目的と流れをイメージしたうえで、必要な情報を収集します。事前に配布資料に目を通したり、**意思決定に必要なデータを揃えたり**しておきましょう。

・自分の意見をまとめておく

会議に必要な情報を収集したうえで、会議のゴールに向け、どんな意見を出すべきか、疑問点や確認点はあるかなどを、まとめておきましょう。

パッと見てわかる！図解まとめ

会議の種類と目的

意見交換型

意見やアイデアなどを出し合い、最終的に**組織全体の方針や実行可能なアイデア**などをまとめていく

例：売上目標達成のための方針検討
コストカットの方針検討
新規顧客への営業展開
新商品開発のアイデア出し
従業員の目標設定
問題発生時の対応・改善策　など

情報共有型

作業の進捗や現場の状況などを共有し、**今後の打ち手の検討、課題の解決、作業の再配分、計画の見直し**などを図る

例：毎朝のチームミーティング
プロジェクトの定期ミーティング
売上実績と今後の獲得売上の報告
委員会や担当ごとの方針報告
顧客情報や市場情報の共有
企画情報の共有　など

意見を出し合う会議では、それぞれの意見を「見える化」すると便利。ホワイトボードなどを活用しよう

情報不足で判断できないということがないように、あらかじめ参加者に報告内容を周知しておこう

会議の心がまえ

会議前に行うこと

- 会議室に早めに行って準備を手伝う
- 急ぎの業務を済ませておく
- スマートフォンをマナーモードにする
- 参加メンバーや人数を確認する
- 持ち物を用意する（筆記用具、メモ帳、会議資料、パソコン、録音機器など）

※ パソコンや録音機器は情報漏えいのリスクにより持ち込み禁止の場合もある

会議中の態度

- 発言者に体を向けて話を聞く
- 会議中にメモをとる、うなずくなど、聞く姿勢を整える
- 積極的に発言することを心がける
- 関係のないことを話したり、前置きに時間をかけたりしない
- 頬杖をついたり、足を組んだりしない

会議後のポイント

- 会議が終わったら片付けを手伝う
- 会議の結果と次のアクションを正しく理解
- 議事録をまとめる
- 結果に応じた業務での変更点を把握する
- 次の会議までに行うことを計画に組み込む
- 自分の態度や会議への臨み方を振り返り、次に生かす

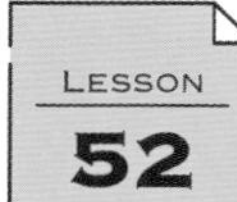

結論を出す会議を進行する

1 議論しやすい環境を整えるために準備を行う

2 結論を出すために会議を進行する

1 議論しやすい環境を整えるために準備を行う

毎週の定例会議などでは、持ち回りで会議の進行を任されることがあります。そんなときは会議が成功するように、きちんと準備を行いましょう。**会議を滞りなく進め、問題なく終了させることが会議の成功ではありません。**参加者から活発に意見が出て、問題があればそれを共有し、必要な意思決定を行って、次の会議までのアクションを決めることが大切です。そのためには、参加者が会議の場で意見やアイデアを考えるのではなく、**あらかじめ考えた意見やアイデアを議論できるように準備する**ことが欠かせません。会議資料を工夫したり、あらかじめ議題を共有したりして、議論しやすい環境を整えることが必要なのです。

2 結論を出すために会議を進行する

会議の進行では、次のような要所を締め、**議論を結論に導く**ことが大切です。まずは制限時間を決め、議論をする時間と結論を出す時間を分け、参加者が議論に集中できるよう、会議を進行します。

開始と終了の時間を守る：会議の時間を守り、冒頭で終了時刻と進行予定、会議のゴールを伝える。これにより、目的を明確にさせ、集中を生み出す。

質疑応答の時間を分ける：質問を随時受けていると、話が中断してしまう。意見を言う時間、質疑応答の時間、結論を出す時間を分けて進行する。

ゴールを決める：参加者から発言を引き出しながら、徐々に意見やアイデアを絞っていき、着地点を見出す。目標としたゴールから離れていても、その場で出た意見から結論を導き出し、参加者が今後行うアクションを決める。

会議後は決定事項を議事録などで公開し、組織やチームに周知しましょう。

パッと見てわかる！ 図解まとめ

会議準備の流れと主なポイント

❶ 会議の内容の検討

- □ **会議の議題**：話し合う内容、懸案事項、共有すべき情報などを洗い出す
- □ **会議のゴール**：議論の到達目標、会議の流れ、何をどこまで決めるかなどを考える
- □ **会議資料の作成**：会議の議題やゴールなどを簡潔に箇条書きなどでまとめた資料をつくる

❷ 会議の設定

- □**参加者の選定**：会議の内容と目的により参加者を確定する
- □**日時の設定**：参加者の予定を確認し、空いている日時に1時間程度で設定する
- □**場所の設定**：参加人数に応じて適切な広さの会議室を予約する（ホワイトボードなどの備品を確認）

❸ 会議の連絡

- □**会議の周知**：会議資料を配布し、設定した日時と場所での開催を参加者に伝える（グループウェアなどに予定を登録）
- □**会議の意識付け**：参加者に事前に議題について意見を聞くなど、あらかじめ議題について考えさせておく

❹ 会議の準備

- □**備品の確認**：ホワイトボード、プロジェクター、パソコン、マイクなどの動作を確認しておく
- □**役割を決める**：司会、書記、時間管理、議事録作成などの役割を決めておく
- □**流れを考える**：意見交換、質疑応答、まとめなどに割く時間を考える

会議の進行の流れ（会議時間60分の場合の例）

導入（5分）

開会の言葉

「これより○○会議を始めます」などと述べて始める

進行予定の説明

意見交換、質疑応答、まとめの順に行い（15分ずつ）、次のアクションを決めることを説明する

議題の共有

何を話し合うか、何をどこまで決めるかを説明する

メイン（45分）

意見交換（15分）	挙手や指名により、参加者に議題に対する意見を述べてもらう。ここではまず、**多くの意見を出し、結論の可能性を広げる**
質疑応答（15分）	出された意見に対する質問や、意見の改善案などを出し合い、**意見やアイデアをブラッシュアップしていく**
まとめ（15分）	出された意見の有力なものを厳選し、着地点を見出す。**結論を出し、次のアクションを決める**

柔らかい言葉遣いで適宜、発言を促したり、議題から逸れた発言を修正したりする

結び（10分）

アクションの確認

会議で決まったアクションを確認し合い、次回までに行動することを促す

次回会議の確認

次の会議の開催日とおおよその議題を検討して決める

閉会の言葉

「貴重な意見が多く出てよい会議となりました」などと述べて会議を終える

議事録の作成：会議の終了後、会議の内容を議事録にまとめ、社内サーバやメールなどで共有する

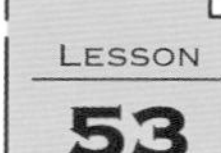

LESSON 53 自分の意見をしっかりと発言する

1 自分の意見を考え、積極的に発言する

2 焦らずに堂々と、はっきり発言する

1 自分の意見を考え、積極的に発言する

会議の参加者である以上、議題をきちんと理解し、結論を導き出せるように、**積極的に意見を出すことが求められます**。最初は議論についていくので精いっぱいかもしれませんが、会議は議論を理解することが目的ではありません。気になる意見などをメモしながら「自分ならどうか」と考え、意見をまとめていきます。

会議では**わからないことを解消することも大切**です。参加者が理解できていないまま議論を進めても、有益な結論は得られにくいでしょう。そのため、たいていの会議では、わからないことを自由に質問することが許容されています。質疑応答では遠慮せず、わからないことを率直に質問しましょう。そうした質問から新たな議論が展開していくこともあります。

会議の場だけで考えるのではなく、会議への参加要請が来たときから、会議のテーマに沿ったことについてアンテナを張り巡らせておきましょう。

2 焦らずに堂々と、はっきり発言する

慣れないうちは発言するのに勇気がいるもの。緊張して思うように言葉が出てこないこともあるでしょう。ただ、**多くの会議は意見を出す場**であることを認識し、自信をもって慌てずにゆっくりと話すことを心がけます。大きな声でなくても、**はっきりと話すことを意識する**とよいでしょう。最初は他の参加者の発言のしかたをまねるのでもかまいません。発言する際は、次の点も意識しておきましょう。

・会議の進行に従い、他の参加者の話を遮らない

・発言のしかたがわからなければ、他の参加者の発言のタイミングを観察する

パッと見てわかる！ 図解まとめ

発言のポイント

発言のポイント

- 会議の進行に従う
- 他の参加者の話を遮らない
- 議論の切れ目で挙手して発言する
- 口を大きく開け、ゆっくりと話す
- はっきりと話すことを心がける
- 会議の内容と関係がないことを議論しない

発言の例

意見や質問を柔らかく言う

- **疑問形にして断定せずに反応をうかがう**
「○○と思いますが、いかがでしょうか？」
- **クッション言葉を使って和らげる**
「私の理解不足かもしれませんが、○○ということでしょうか？」

意見や質問を伝わりやすく言う

- **議論の内容を繰り返す**
「ここまでは顧客単価を上げる仕掛けの議論だったと思いますが、私としては～」
- **どの内容のどんな意見かを具体的に話す**
「山口さんのWeb販促のアイデアも重要と思います。合わせて店舗での販促も同時に行ってはいかがでしょうか？」

発言者に確認する

- 「○○という解釈でよろしいでしょうか？」
- 「○○の部分が少しわからないのですが、もう一度説明していただけますでしょうか？」

反対意見を言う

①相手の意見を肯定してから、②自分の意見を言い、③最後は疑問形にして相手の意見を待つ

①「確かに、その工程は無駄がないと思います」

②「しかし、○○の理由でミスが生じる確率が高くなるように思います」

③「試行運転を何度か行ってから導入するのがよいと思いますが、いかがでしょうか？」

理由を付けて意見を言う

意見だけを言うと、きつい言い方に聞こえることがある。「意見＋理由」にすると、納得してもらえやすい

×「○○という施策は必要ないと思います」

↓

○「○○という施策は、～のケースに限って行うのがいいと思います。その理由は、～」

同意見も便乗もOK

常に新しい意見を出さなければならないわけではない。他の参加者の意見に同意したり、付け加えたりすることで、議論が進展することもある

「私も古川さんの意見がとてもよいと感じました。なぜなら～」

「私は桜井さんのアイデアにもう1つ加えて、○○をすればよいのではと考えています」

既存アイデア

他の参加者のアイデアに追加するだけでも議論は進展する

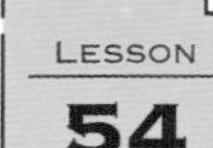

相手の行動を促すプレゼンを行う

❶ 目的は相手が内容を理解し行動を起こしてくれること

❷ 相手に必要な情報をまとめ、わかりやすい説明が重要

❶ 目的は相手が内容を理解し行動を起こしてくれること

「プレゼンテーション（プレゼン）」とは、情報や企画、提案などを提示して説明し、相手に納得してもらい、行動してもらうための一連のプロセスを指します。プレゼンでは、説明を理解してもらうことだけではなく、**納得して具体的な行動を起こしてもらうことが大切**です。

プレゼンというと、十数枚にわたる資料を用意し、多くの顧客の前でプロジェクターを使って説明するもの、というイメージがあるかもしれません。しかし、相手が納得して行動に移すのなら、A4用紙１枚の提案書でもよいわけです。重要なのは、相手の立場に立ち、**相手に魅力を感じてもらえる提案ができるかどうか**ということ。目的はあくまで、相手に商品やサービスの魅力を訴求し、行動を促すことです。資料をつくり込むことに目的を取り違えてはなりません。

❷ 相手に必要な情報をまとめ、わかりやすい説明が重要

プレゼンを成功させるには、「事前準備」と「プレゼン本番」という２つの大きな課題をクリアしなければなりません。主に次の点を押さえておきましょう。

・プレゼン資料は相手に魅力を感じさせるストーリーにする

相手の関心事や課題などを調査し、あなたから提供できるものも確認したうえで、相手が魅力を感じる提案の流れ（ストーリー）を考えます。**共感のポイントで相手の心をつかみ、その課題を解決するものとして提案**を組み込みます。

・身振り手振りだけではなく笑顔も大切

人の印象はノンバーバルの要素に左右されます。顧客に目線を配りながら、話す内容だけではなく、どんな態度でどのように話すかも意識しましょう。

パッと見てわかる！ 図解まとめ

プレゼンの流れ

開会の挨拶
・開会の挨拶
・自己紹介
・進行予定
挨拶のあとで自己紹介をする。自社の説明が目的ではないので、簡潔にテンポよく話す

プレゼン
・顧客の課題の確認
・解決策の提案
・ポイントの再確認
課題の確認で共感を得て、その解決策として自社サービスの提案をし、最後に訴求ポイントのおさらいで印象付ける

質疑応答
・質疑応答の開始
・話題の提供
・感想の確認
相手が決断するのに必要な情報があるか、不明点はないかを確認。質問が出ない場合、質問の話題を与えたり感想をもらったりする

閉会の挨拶
・閉会の挨拶
・顧客へのお礼
・次のアクション
挨拶のあと、時間を割いてもらったこと、自分の話を聞いてもらったことにお礼を述べ、次回への宿題などがあれば確認する

顧客への目線の配り方
❶ 一番遠い人に目線を向ける
❷ Zの形で目線を動かす
❸ 話の区切りで、誰かと目線を合わせる
❹ 一人ひとりを観察する
※同時にオンライン配信もしているときは、カメラにも時折目を向ける

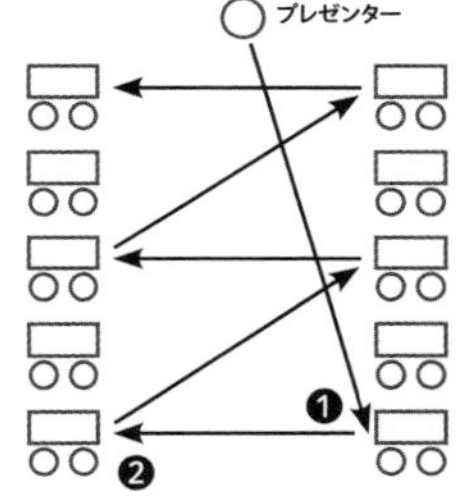

プレゼン資料作成のポイント

DESC法でプレゼン資料を作成する
論理的かつ共感を生む伝え方にDESC法がある。DESC法を使うと、客観的事実で共通認識を得ることで、提案の説得力が高まりやすい

Describe：描写する
顧客の課題や実績、取り組みなどの客観的な事実を述べる
・主力商品の市場シェアが低下
・過去5年間の売上が低下
・仕入れコストが上昇　など

Explain：説明する
事実に対して提案者が主観的な印象や感じたことを説明する
・これ以上のシェア確保は限界
・売上回復の見込みが立っていない
・商品の利益がひっ迫　など

Specify：提案する
感じたことに対し、課題に対する提案や具体的な解決策を伝える
・別の市場に展開してはどうか
・利益率を高める施策を行っては？
・商品価格を上げてはどうか　など

Choose：選択する
提案に対する顧客の反応に合わせ、次の選択肢を提案する
・既存シェアで利益率を高める
・新商品の投入で売上を高める
・商品の販売数を伸ばす　など

資料作成のポイント
・色は３色に制限する（黒、赤、基調色など）
・使用する書体を統一する
・使用する図形（矢印や囲みなど）を統一する
・各ページのレイアウトを統一する
・強調の方法を統一する
・伝えたいことは箇条書き
・１枚に情報を盛り込みすぎない
・図表や画像を活用する

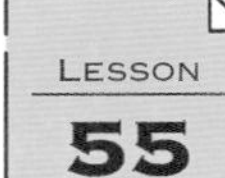

オンライン会議をスムーズに進める

ここがポイント！

❶ オンラインで会議ができる環境を整える

❷ 態度や表情、身だしなみに気を配る

❶ オンラインで会議ができる環境を整える

オンライン会議では、パソコン、ヘッドセット、カメラなどの機器や通信環境などの影響でうまく実施できない場合があります。あらかじめ環境を整えておき、会議がスムーズに進められるようにしておきましょう。機器を準備したら、**会議の前に接続テストをしておく**ことも大切です。また背景も、**不要なものが映り込まないようにしておく**か、すっきりしたバーチャル背景を設定しておきます。

自宅で参加する場合は、家族や来客、電話などに注意しましょう。家族に会議があることを伝える、インターフォンを切る、宅配便を置き配（戸口などに荷物を置くサービス）にするか時間帯を調整するといった対応をしておきます。カフェなどの公共の場は周囲の音が入りやすいため、避けるようにしましょう。

❷ 態度や表情、身だしなみに気を配る

オンライン会議では、同じ空間で対面しているリアル会議とは異なり、知覚できる情報が限られます。**映像はオンにし、オーバーアクションを心がけましょう。**話に同意するときには大きくうなずく、音声をオンにして「はい」と声で返事をするなど、わかりやすいアクションを行います。

また、画面に映る自分の表情にも注意しましょう。画面越しでは無愛想に見られやすくなります。話を聞くときは、ずっとうつむいたままではなく、**意識して画面を見るようにします**。そして、**やや口角を上げ、明るい表情**をつくります。事前に自分のカメラ映りをチェックしておくとよいでしょう。

対面での会議と同様、身だしなみも大切です。髪型や服装はきちんと整えます。画面に映らないからといってジャージや短パンなどをはくのはやめましょう。

パッと見てわかる！図解まとめ

オンライン会議の基本姿勢

カメラの位置を目線よりやや上にすると、カメラ目線で映る

明るい表情をつくり、オーバーアクションを心がける

カメラに映すのは、胸から上ほどの上半身

必要な資料や筆記用具、メモ帳などを用意しておく

清潔感のある身だしなみ。ルームウエアはNG

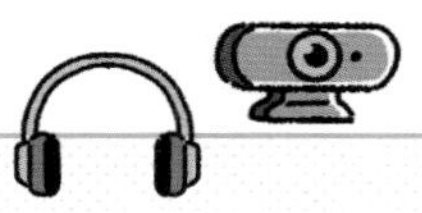

機器や環境の準備

- パソコン、ヘッドセット（またはマイクとイヤホン）、カメラを準備する
- 使用するアプリを確認し、接続テストを行っておく。会議には余裕をもって参加
- 背景は不要なものが映り込まない壁など。バーチャル背景も活用
- 周囲の音が入らないよう、家族や来客、電話、インターフォンなどに注意
- 逆光に注意。ライトを使うときはカメラの後ろに光源が来るようにし、自分の顔に光が当たるよう調整

オンラインでできる効率化

- 画面共有を行い、メモを入力しながら議論を進めると話がブレない。議事録にも使える
- 録画して保存しておけば参加できなかった人にも見せられる
- 会議の性質により、移動中の人は「聞くだけ」の参加をしてもよいことにする
- テレワークでわからないことが出てきたとき、オンラインで短時間の打合せを行う

オンライン会議中の心がけ

会議中の配慮

- 顔出しが基本。何らかの理由でオフにする場合は、事前にその旨を伝える
- 発言しないときは音声をオフにする
- 普段よりハキハキと話す
- 大きくうなずいて相づちを打ち、話すときは身振り手振りも加える
- できるだけカメラを見て、目線を画面上に出すようにする
- 相手の話を最後まで聞く。発言するときは挙手などで知らせる
- 1人しか話せないため、司会が話す人を決めるなどの調整をする
- 画面共有をしているときは、マウスポインタで説明箇所を指し示す

オンラインで意識すべき発言の例

- **指示語は使わない**

× 「先ほどのご意見について～」
○ 「高橋さんの効率化に関するご意見について～」

- **自分や相手の名前を伝える**

「阿部ですが、斎藤さんのクレームの件で確認をしてもよろしいですか？」

- **始めと終わりがわかるように話す**

話し始め　「阿部ですが、質問してもよろしいですか？」
話し終わり　「以上です」

- **「考え中」のときは断る**

「申し訳ありません、少し考えさせてください」

Column ソリューションの重要性を理解する

顧客満足度を高めるソリューション

ビジネスでは、顧客や取引先、自分の組織やチーム、担当するプロジェクトなどに問題や課題が発生したとき、その具体的な解決策を見つけ、行動に移すことがとても重要です。この解決策や、解決のためのシステムやサービス、リソースなどを「ソリューション」といいます。ソリューションを適切に提供することで、仕事の効率性や顧客満足度などが高まり、さらには組織を活性化できます。そうしたソリューションの高さを売りに、組織の競争力を上げることも可能でしょう。

仕事の目的のひとつは「課題を解決すること」ともいえます。それだけソリューションを考えたり提案したりするスキルは必要とされています。問題が発生したときは、上司やメンバーに報告・相談をすることも重要ですが、自分なりの解決策を考え、報告・相談の際に「私は○○を行うのがよいかと考えておりますが、いかがでしょうか？」などと自分の考えを述べられるようになるとよいでしょう。

ソリューションのステップ

ソリューションは、次のようなステップで行います。

1 問題を正確に把握する

顧客と対話をしたりデータを収集したりして問題の本質に迫ります。過去に行ったソリューションが問題を見つけるヒントになることもあります。見当をつけた問題を深く分析していきます。

2 目標を設定する

「解決してどんな状態にするか」という目標を設定します。目標には「シェアを40%に拡大」など、数字などで測定できるものを設定します。

3 計画を立てリソースを活用する

目標までの計画を立てて実行します。どんなツールを使うか、どれくらいのコストと時間をかけるか、どんな人材や技術を投じるかなど、活用するリソースを見極めます。

4 さらなる改善の意識をもって取り組む

目標に到達して終了ではなく、さらによりよい状態を目指すために改善できることはないかと考え、さらなる提案を続けていきます。

7章

顧客訪問の基本

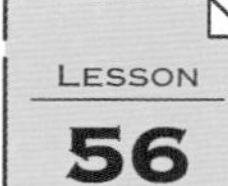

目的に応じた面会の方法を考える

❶ 相手のメリットを意識して面会を設定する

❷ 対面型とオンライン型で最適な方法を選ぶ

❶ 相手のメリットを意識して面会を設定する

ビジネスでは、こちらから打診して取引先などに面会する機会は少なくありません。面会の目的には、新任の挨拶、自社サービスの提案、プロジェクトの打ち合わせ、トラブルへのお詫びなどがあります。

相手側は「これからも関係を継続したい」「魅力的なサービスを提供してもらいたい」といった**何らかのメリットを感じて面会に応じる**のです。「上司に指示されたから」などの漫然とした気持ちではなく、相手のメリットを念頭に置き、そのメリットを最大化するにはどうすればよいかを考えて面会に臨みましょう。

❷ 対面型とオンライン型で最適な方法を選ぶ

面会には、相手と直接会って話す対面型と、インターネット経由で話すオンライン型があります。昨今では**時間や場所の制約が少ないオンライン型が一般化**し、直接会わなくてもビジネスが成り立つケースが増えました。ただし、対面には次のような効果もあります。面会の目的と、面会で達成したい目標を考え、対面とオンラインのどちらが最適かを検討して面会の方法を選びましょう。

・同じ空間を共有することで、**信頼感や親近感を醸成**しやすい

・身振りや手振りなどの非言語情報から、**相手の様子や表情、気持ち、考えなどをくみ取りやすい**

・実物を見せたり触らせたりすることができ、**形状や質感などを伝えやすい**

なお、こちらが対面を希望しても、相手がオンラインを求めてきた場合、オンラインでも目的が果たせるようであれば切り替えます。あくまで相手の貴重な時間をいただいていることを自覚し、柔軟に対応しましょう。

パッと見てわかる！ 図解まとめ

打診から面会までの流れ

準備をする

- 相手の情報収集
- 面会の目的を整理
- 面会の日程、人数、所要時間を検討

双方のメリットと面会の目的を整理し、必要な人員や時間、資料などを考える。面会の流れをイメージし、何が必要かを考えるとよい

アポイントメント

- 必要な情報を準備
- 電話かメールで打診
- 相手の都合により調整

面会の目的や日程、人数などを決めておき、電話かメールで相手に正確に伝える。面会の方法や日程を変更する際は同行者に確認する

面会当日

- 必要な資料を準備
- 受付時間を考慮し、余裕をもって訪問
- 予定内で終わるよう簡潔に話す

面会の目的に合わせて必要な資料を準備し、受付時間などを考慮して余裕をもって訪問する。名刺は常に携帯しておく

アフターフォロー

- 上司に報告
- 面会のお礼メールを送る
- 次のアクションを確認

面会後にその場でお礼を言うのはもちろん、帰社後にお礼メールを送る。同時に次のアクションも伝えるとよい

面会目的別のポイント

新任の挨拶：
第一印象が大切。今後も良好な関係を続けるために、信頼感や親近感などを与えよう。相手の困りごとを調べ、その場で自社サービスなどを提案してもよいが、できるだけ簡潔に済ませ、長居はしないこと

新製品の紹介：
パンフレットと商品サンプルを持参し、直接見て触ってもらい、実感してもらう。相手の課題を綿密に調査し、より具体的に説明することで、一般的な営業ではなく、誠実に相手を考えていることが伝わる

対面型とオンライン型の主なメリット

対面型

- □ 相手との信頼感や親近感を醸成しやすい
- □ 相手の様子や表情、気持ち、考えなどをくみ取りやすい
- □ 相手と目線を合わせながら話ができる
- □ 発言のタイミングをつかみやすい
- □ 参加者の当事者意識が高まる
- □ 実物を見せることができる
- □ インターネット環境に左右されない

オンライン型

- □ インターネット環境があればどこにいても実施できる
- □ まとまった時間がなくても実施できる
- □ 遠隔地の人ともやり取りできる
- □ 移動時間と交通費がかからない
- □ 画面上で資料などを共有できる
- □ 動画で記録しやすい
- □ 多人数でも対応しやすい

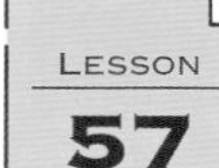

アポイントメントを取り付ける

1. 相手に関心をもってもらえるように打診する
2. 相手のことを考えて話を進める

1 相手に関心をもってもらえるように打診する

面会をする際は、**事前に相手に打診してアポイントメント（約束）を取り付けます**。とくに初めて取引をする顧客などに商談の申し込みをするときは、まず自社の事業などをていねいに説明し、相手に関心をもってもらうことが重要です。そのためには**自社の事業や商品・サービスなどについて、改めてきちんと理解**しておきましょう。同時に**相手の事業なども十分に調査**し、相手の興味や課題などをイメージしながら、自社の事業が相手にもたらすメリットを考え、面会の目的を整理しておきます。そうして、面会の目的とメリットを順に説明することで、アポイントメントが取り付けやすくなるのです。面会の成果を出そうという意識も必要ですが、双方にメリットのある商談を実現しようとする姿勢が大切です。

2 相手のことを考えて話を進める

面会の打診をするときは、**最初は電話でおうかがいを立て**、アポイントメントを取り付けることができたら、**メールで日程などの詳細をやり取り**するのが一般的です。相手は電話で、組織の代表としてのあなたと、個人としてのあなた自身を同時に見極めようとします。あなたにできることは「声」や「話し方」、「話す内容」で誠実さを表すことです。きちんとした言葉遣いで敬意を払いながら、声のトーンや話す速さに気を配り、明るく落ち着きのある雰囲気を心がけましょう。

面会は**相手の貴重な時間をいただくことであるため、謙虚な気持ちで臨む**ことも大切です。面会の日程の候補を２～３パターン考え、場所、手段（対面かオンラインか）もだいたい決めておきますが、相手の都合に合わせて柔軟に対応しましょう。相手を中心に考えることを常に意識しておきます。

パッと見てわかる！図解まとめ

アポイントメントを取り付けるのに必要なこと

電話とメールで打診をする

- まずは電話をかけ、アポイントメントを取り付けてメールで詳細をやり取りする
- すでに付き合いのある顧客なら、メールでの打診でもよい
- 面会の目的とメリット、所要時間を簡潔に説明する
- 自分のスケジュールを確認しておく
- 希望があれば、資料などを郵送またはメールで送り、検討してもらう（後日に再度、確認をする）

例
「御社の事業を効率化できるWebサービスをご提案いたしたく、お伺いして説明させていただければと思いますが、30分ほどお時間を頂戴できますか？」

アポイントメントを取り付ける

- 日程を決める。こちらで候補を２～３提案したうえで相手の都合のよい日時を聞く
- 同行者がいる場合、同行者の人数を相手に伝える
- 相手先の所在地や電話番号、受付の方法などを確認する
- 相手の部署名・担当者名を確認する
- 日時と場所を復唱して確認する
- 相手にお礼を述べたあと、同行者や上司に報告し、面会の段取りを打ち合わせる

例
「来週のご都合はいかがでしょうか？」
「私の上司と２名で伺います」
「スクエアビル３階の受付で、営業部の森様をお呼びすればよろしいでしょうか？」

前日にリマインドをする

アポイントメントを取り付けた場合は、確認のため、日時、場所、同行者、所要時間、面会の目的などについて、メールで相手と共有しておく。また、前日に面会の予定をメールでリマインドし、時間を頂戴するお礼や意気込みなどを簡潔に述べておくとよい。

ワンポイント アドバイス

面会を有意義なものにする事前準備

訪問する前に、面会に向けた準備をきちんと行っておきましょう。当日の面会の流れをイメージし、説明に必要なものを用意します。説明資料や進行表などはあらかじめメールで送り、相手に目を通してもらっておくとスムーズです。ただしその場合も、当日は参加者の人数より余分に資料を用意し、持参しましょう。

必要な持ち物の例

- □名刺
- □会社案内・パンフレット
- □企画書・提案書
- □契約書
- □見積書
- □相手の調査資料
- □商品サンプル
- □面会の進行表
- □電卓
- □ノートパソコン・タブレット端末　など

LESSON 58 訪問先で礼儀正しく振る舞う

1. 相手によい印象をもってもらえるよう気を配る
2. 相手先の受付や建物内の人にも敬意を払う

1 相手によい印象をもってもらえるよう気を配る

面会で訪問する際は、身だしなみやマナーに配慮しましょう。前日までに資料や持ち物を準備し、当日は清潔感があり爽やかな印象の服装で出勤します。後姿も忘れずチェックしておきましょう。自信をもって面会に臨むためにも、内容と関係ない部分でマイナスの印象を与えないよう、準備しておくことが大切です。

相手先へ赴く際は、余裕をもって職場を出発し、**交通機関の乱れなどで遅れる場合は、判明した時点で相手に連絡を入れます**。相手先に到着したら、冬場は建物の入り口でコートなどの上着を脱ぎ、手にかけて持ちます。その後、服装の乱れがないかを点検し、**スマートフォンをマナーモード**にします。名刺や資料なども素早く取り出せるように準備しておきましょう。

2 相手先の受付や建物内の人にも敬意を払う

受付：あなたの組織名と名前を名乗り、相手の部署名と名前、面会の約束があることを伝え、取り次いでもらいます。受付の人にも敬意を払い、**建物内で会った人には会釈**(P.17参照)をして礼儀正しく接します。

挨拶：**相手が現れたら、敬礼**(P.17参照)して挨拶をします。先に応接室などに通されて座っているときは立ち上がって挨拶をし、初対面の場合は名刺交換(P.140参照)をします。上司が同行している場合は、**上司が自分を紹介するのを待って挨拶**をします。バッグは椅子の横などに置いておきます。

見送り：面会が終わり、応接室の出入り口やエレベーターの戸口で**見送ってもらう際には敬礼で挨拶**をします。コートやマフラーなどは外で身につけますが、建物内で促されたときは、その場で身につけてかまいません。

パッと見てわかる！ 図解まとめ

訪問時の流れと挨拶、立ち居振る舞い

移動

・相手先に10分前には到着できるよう、出発時刻と経路を決めておく
・必要な資料や持ち物、身だしなみなどを確認して出発する
・遅れそうなときは相手に連絡し、お詫びと到着予定時刻を伝える

受付

・建物の入り口でコートを脱ぎ、手に持つ
・スマートフォンをマナーモードにする
・服装や髪などの乱れがないかを再確認する
・受付の人に敬礼してから、自分の組織名と名前を名乗り、相手の部署名と名前、面会の約束があることを伝え、取り次いでもらう

例　「いつもお世話になっております。○○社営業部の山本と申します。14時に広報部の佐藤様とお約束をしております」

待機中

・応接室に案内され、着席を促されたら座ってよい
・椅子には浅く座り、後ろにもたれない。背筋を伸ばす
・バッグは椅子の横、コートはたたんでバッグの上に置く

挨拶

・相手が現れたら立ち上がって敬礼し、挨拶をする
・初対面の場合は名刺交換をする
・席を勧められたら「失礼します」と言って着席する

例　「本日はお時間をいただき、誠にありがとうございます。今回、弊社の新たなサービスを紹介させていただければと思い、お伺いいたしました」

見送り

・出入り口での見送り：
出入り口の手前で挨拶を述べて敬礼したあと、出入り口を出る。コートなどは外で着る
・エレベーターホールでの見送り：
エレベーターに乗ったあとドア側に向き直り、行き先階のボタンを押してから挨拶を述べ、ドアが閉まるまで敬礼

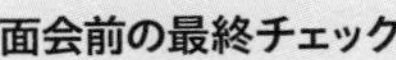

面会前の最終チェック

☐ スマートフォンはマナーモードにしたか
☐ 髪は整っているか
☐ ネクタイはズレていないか
☐ 衣服や靴は汚れていないか
☐ 名刺入れはすぐに取り出せるか
☐ 資料や筆記用具は取り出しやすい位置にあるか

待機中の立ち居振る舞い

・すぐに立ち上がれるように浅く座る
・資料や筆記用具、名刺を机の上に用意する
・相手の競合他社の商品を持っていかない
・飲み物を出されたときはお礼を言う
「ありがとうございます」「頂戴します」
・相手の名前や部署名などを再確認する
・商談や説明の流れをイメージしておく

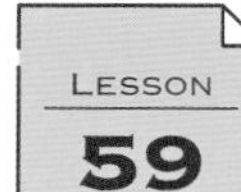

席次と手土産で心遣いを表す

❶ 相手を上座に通して敬意を払う

❷ 手土産は相手に喜ばれそうなものを選ぶ

❶ 相手を上座に通して敬意を払う

会議室や応接室、エレベーターにも上座と下座があります。上座と下座は、最も居心地のよい位置に座ったり立ったりしてもらうことで、相手への尊敬の気持ちを表すものです。一般的に、出入り口から最も遠くて**落ち着ける位置を上座（かみざ）**、逆に出入り口に近くて**落ち着かない位置を下座（しもざ）**と考えます。そして、上座には上の立場の人が、下座には下の立場の人が座ることで敬意を表すのです。

あなたが相手先に訪問したときは「お客様」として迎えられるため、**相手より下の立場であっても上座に案内されます**。反対に、相手があなたのもとへ訪問してきたときは「お客様」として迎え入れ、上座に案内します。

ただ椅子の配置など、部屋の構成によって席次が変わることもあります。基本を押さえておき、状況に応じて柔軟に対応するとよいでしょう。

❷ 手土産は相手に喜ばれそうなものを選ぶ

「手土産」は、**あなたの心遣いや心配りを表すもの**です。たとえば、新しく取引を始めることへの感謝の気持ちを伝えたり、トラブルで迷惑をかけた顧客にお詫びの気持ちを伝えたりしたいときに、手土産を持参します。

渡す相手先のことを考え、喜ばれそうなものを選びましょう。日持ちのする個別包装のお菓子などは、職場で分けやすく食べやすいので、よく選ばれています。

手土産は紙袋などに入れて持参し、**椅子か机の上に置く**ようにします。相手に**渡すときは紙袋から出し**、品物が相手から見て正面になるようにして、両手で心を込めて渡します。上司が同行している場合、上司から渡すのが基本です。

パッと見てわかる！ 図解まとめ

席次の順番

席次の基本

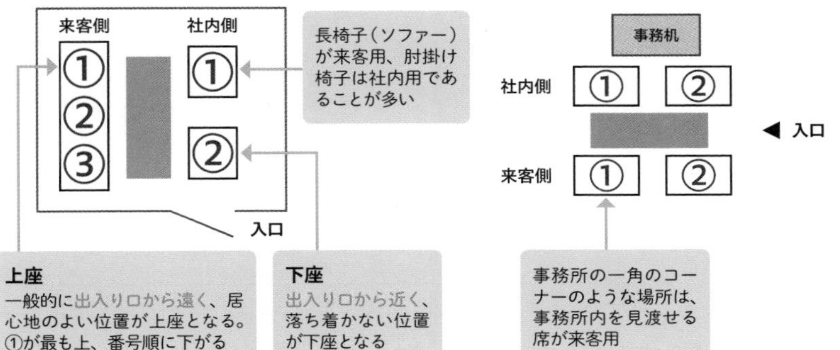

上座
一般的に出入り口から遠く、居心地のよい位置が上座となる。①が最も上、番号順に下がる

下座
出入り口から近く、落ち着かない位置が下座となる

事務所の一角のコーナーのような場所は、事務所内を見渡せる席が来客用

乗用車の席次

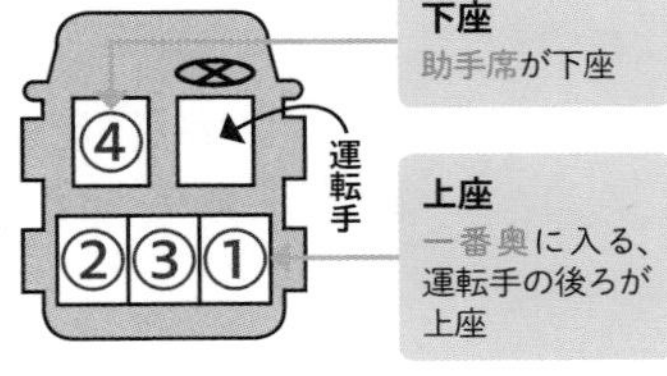

下座
助手席が下座

上座
一番奥に入る、運転手の後ろが上座

席次のポイント

- 椅子の形状で分けると、長椅子が上座。次に１人用の肘掛け椅子、背もたれ付きの椅子、背もたれなしの椅子、となる
- 上司が同行しているときは、上司が最上の上座に座り、自分は次の上座に座る
- 応接室で絵が飾ってある、窓からの景色が見えるなど、基本以外の上座もある

手土産の渡し方

タイミング
名刺交換をしたあと。謝罪の場合は、会ってすぐに渡す

渡す人
一番目上の人。上司が同行している場合は上司

紙袋に入っている場合
紙袋から出して両手で渡し、紙袋は持ち帰る。相手が持ち運びに困りそうな場合は、「袋ごとのお渡しで恐縮ですが」と言って紙袋ごと渡す

渡す相手
相手側の一番目上の人に渡す

渡すときの言葉
「弊社地元で人気のお菓子です。お口に合えば幸いです」「皆様でどうぞお召し上がりください」

公務員などに渡すと賄賂罪になる恐れがあったり、組織として贈り物を受け取らない方針だったりすることもあるので確認しておこう

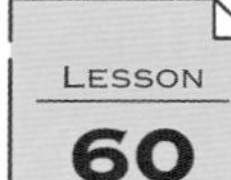

顔と名前を覚えてもらう名刺交換

1 名刺を大切に扱う
2 名刺交換をコミュニケーションのきっかけにする

1 名刺を大切に扱う

「名刺」は単に名前や肩書き、組織の連絡先を知らせるツールではありません。あなたの**組織を紹介するもの**であるとともに、**あなたの「顔」ともいえるもの**です。また、人脈を広げるための第一歩といえるのが名刺交換です。端が折れたり汚れたりした名刺を渡すのは、マナー知らずの自分を見せているようなもの。名刺はていねいに名刺入れにしまい、きれいなものを渡しましょう。

面会では、参加者が予想より多いこともよくあります。**名刺を切らすことのないよう、多めに持ち歩く**ようにしましょう。残りが少なくなったら上司などに確認し、早めに補充してもらいましょう。

2 名刺交換をコミュニケーションのきっかけにする

面会では初対面の相手がいるとき、**顔と名前を覚えてもらうための挨拶**として名刺交換を行います。すでに名刺交換をした相手でも、肩書きなどが変わって名刺を変更したときには、変更したことを伝えながら新しい名刺を渡します。

名刺交換はお互いに起立し、正面から向かい合って行います。まずあなたから相手の目を見て名乗り、両手で名刺を渡します。次に相手が名乗り、名刺が差し出されるので、「頂戴します」と言って両手で名刺を受け取ります。

名刺はただ受け取るだけではなく、名前などの情報を確認しましょう。相手の名前が読みにくいときは「○○様とお読みするのですか？」と尋ねてもOKです。

商談に入る前のアイスブレイク(緊張をほぐすためのやり取り)では、名刺の情報から話題を広げていくとスマートです。名刺交換の場を「ただの交換」に終わらせず、**コミュニケーションの機会として最大限に活用**しましょう。

パッと見てわかる！ 図解まとめ

名刺交換の流れ

・お互いに起立し、正面から向かい合って相手の目を見る
・自分の組織名、所属、名前をフルネームで名乗る

「はじめまして。○○株式会社、営業部の佐藤聡と申します。よろしくお願いいたします」

・自分の名前が見えるように名刺を向ける
・両手で胸の高さに差し出す

・相手が名乗り、名刺を差し出す
・相手の名刺を両手で受け取る

「頂戴します。よろしくお願いいたします」

・面会中は名刺を机の上に並べる
・名刺入れの上に、自分が見える向きにして置く（複数の名刺を置くときは、手前に名刺入れを置き、席順に並べる）
・面会後、受け取った名刺を名刺入れにしまう

・複数で訪問した場合、上司から順番に並ぶ
・上司から順番に名刺交換を行い、新人は一番最後に行う
・テーブルを回り込み、正面から向かい合って両手で受け渡しをする

正しい名刺の並べ方の一例

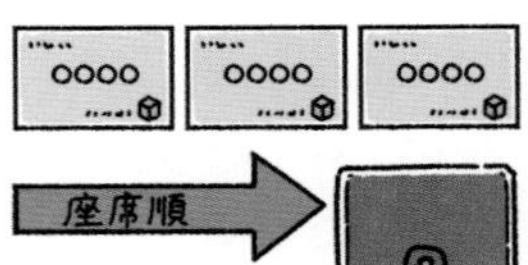

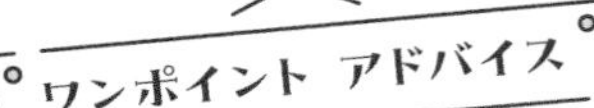

名刺に書き込みをするときの注意点

あとになって名刺を見ても、どんな人だったか思い出せないことがあります。そこで、名刺交換をした日付と状況を名刺に書き込み、特徴を覚えやすくしておくとよいでしょう。名刺の処分をするときにも、判断がすぐにできます。
ただし、名刺を交換した相手の見えるところで書き込みをすることは、相手がよい印象をもたないので控えます。職場に戻ったタイミングや１日の業務の終わりに、名刺を整理しながら書き込みをする習慣をつけるといいでしょう。

余白に名刺交換をした日付と状況などを書き込む

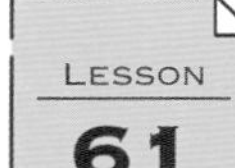

LESSON 61 成果につなげる商談の進め方

ここがポイント！

❶ 双方にメリットのある結論を出すことが重要

❷ 商談の結論と次のアクションを共有する

❶ 双方にメリットのある結論を出すことが重要

商談の場は、自分の主張を通すためのものではなく、**お互いにとってメリットのある結論を出す**ためのものです。したがって、商談では相手の話をよく聞き、相手の興味や課題などを理解したうえで、双方のメリットにつながりそうな提案をすることが大切です。

商談で議論を重ねるためには、**相手との信頼関係**が必要です。相手には常に敬意を払い、適切な敬語や言葉遣いを心がけることはもちろん、相手の立場で考えて発言する、相手の考えを聞く、相手に共感するなど、**相手を理解しようとする姿勢を示す**ことが重要です。そうすることで、相手は「自分を受け止めてくれている」と感じ、さらに情報を提供してくれるようになるのです。高い信頼関係のなかで議論を進めることで、相手のニーズをより深く理解できるようになり、双方のメリットにつながる提案が生まれやすくなります。

❷ 商談の結論と次のアクションを共有する

商談のまとめでは、こちらの提案を受け入れたり見送ったりするなど、相手が何らかの結論を出すことになります。ここで商談の成否に一喜一憂せず、今回の商談における決定事項と次のアクションを整理し、相手と共有しましょう。

商談はあくまできっかけにすぎません。**相手が意思決定をし、次の行動につなげることが重要**なのです。最後に、面会の機会をいただいたことへの感謝の気持ちを相手に伝えます。

面会後は、帰社してから面会のお礼と今後の予定などを、相手にメールで送ります。そして、上司に面会の結果を報告し、次のアクションを確認しましょう。

パッと見てわかる！図解まとめ

商談の流れと話し方

商談の開始
- 商談に入る前に、まずは軽い雑談をして場を和ませる（アイスブレイク）
- 商談の進行表を作成しておき、開始時に相手に配布して、その予定に沿って進める
- 「早速ですが～」とすぐに本題に入ってもよい

提案内容の説明
- PREP法（P.70参照）を参考に、提案の概要を説明する
- 相手の求めているものを提供するという姿勢で、双方のメリットにつながる提案をする

P：結論
提案したい結論を最初に述べ、話の前提を決める

R：理由
次にその提案の理由を述べ、結論を補強する

E：具体例
具体例・実例・事例を挙げ、相手に共感してもらう

P：結論
話を要約して再度、結論を伝え、印象に残す

提案内容の議論

展開により「聞く」「発言する」「提案する」を使い分けて議論を進める

聞く
- 相手のなりたい姿を聞く
- 相手が実行できることを聞く
- 相手の話に共感の一言を添える

発言する
- 相手の立場で考えて発言する
- 必要なことを簡潔に話す
- 客観的な事実だけを伝える

提案する
- これまでの話を整理して要約し、提案に変える
- 相手の課題を解決する提案をする

まとめ
- 結論を促す（提案を進める・見送るなど）
- 次のアクションを考える（次回の議題の検討、今後の行動の予定など）
- 決定事項と次のアクションを整理し、復唱して確認する
- 最後にお礼を言う（上司が同行した場合は上司が切り出す）

「本日はお忙しいなか、お時間をいただきありがとうございました！」

ワンポイント アドバイス

商談後のフォローが信頼構築のカギ

成果を出すには、商談後のフォローが重要。いかに相手との関係を深め、再度の検討を取り付け、成約に向けて一歩進めるかということです。たとえば、サービス導入が実現したとき、相手に使い勝手を聞くなどをすると、リピートの可能性が高くなります。成約に至らなかったとしても、相手に定期的に情報提供をするといったフォローがあれば、成果につながりやすくなります。フォローは面会直後から始められます。相手にはすぐにお礼メールを送り、信頼関係を築きましょう。

Column 来客時の応対のポイント

感謝の気持ちで来客に接する

面会の際は、相手に出向いてもらう場合もあります。相手が時間と労力をかけて訪問してくれることに感謝する姿勢で接しましょう。

来客に応対するポイントとして、次のことに注意します。

迎える：初対面の相手には挨拶と自分の名前を述べます。「遠いところをわざわざお越しいただき、ありがとうございます」とお礼を伝えましょう。

案内する：相手を応接室や会議室に案内するときは、相手より少し先を歩いて誘導します。廊下や階段で組織内の従業員とすれ違うことがあっても、来客を案内することを優先します。

応接室に到着したとき、外開きのドアなら、開けたドアを押さえて先に相手を通します。内開きのドアなら、ドアを開けながら自分が先に入り、ドアを押さえながら相手を招き入れます。席次は上座をすすめます（P.138参照）。

相手への配慮を忘れずに

お茶を出す：お茶は、わざわざお越しいただいた方へおもてなしの気持ちを表現するもの。お茶を出すときは、相手を通してすぐに準備をします。お茶は最上席から順番に出し、出しながら「どうぞ」と声をかけるようにします。

見送る：面会を終え、出入り口やエレベーターホールまで相手を見送るときは、相手より少し前を歩いて誘導します。応接室を出る際は、相手が出やすいようにドアを押さえるなどの配慮を忘れずに。寒い日は、屋内でコートを着用するように促しましょう。出入り口で見送る場合、挨拶を述べ、相手が屋外に出るまで敬礼をします。エレベーターホールで見送る場合は、こちらがエレベーターのボタンを押し、ドアが開いて相手がエレベーターに乗り込んでから挨拶を述べ、エレベーターのドアが閉まるまで敬礼をします。

手土産をいただいた場合は？

相手が手土産を持ってきたときは、「お気遣いをいただき、ありがとうございます」「ありがたく頂戴いたします」と感謝の気持ちを伝えて両手で受け取ります。受け取った手土産はテーブルの上などに置きます。相手の厚意が詰まった大切な品なので、床には置かないようにしましょう。

8章

ステップアップするための仕事の考え方

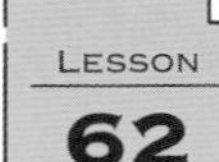

価値を生み出す人財になる

ここがポイント！

1 仕事の価値を考え、価値を高める工夫を凝らす

2 仕事の対象と目的、効果を考える

1 仕事の価値を考え、価値を高める工夫を凝らす

仕事に取り組む際は、その仕事の「価値」を考えることが大切です。仕事の価値とは、その仕事を行うことで、**チームや組織、顧客、社会などをよりよい状態にし、相手に喜ばれ、感謝される度合い**のことです。仕事がもたらす「メリットの大きさ」ともいえます。仕事の成果により、「快適」「安心」「役立つ」「利益につながる」などのプラスの評価を生み出すものが「価値のある仕事」なのです。

仕事に求められる価値は、仕事の内容によって変わります。正確で誤りがないことが価値とみなされる場合もあれば、短時間で迅速に完成させることが価値になる場合もあります。**仕事に取り組む前に、まず「その仕事の価値は何か」を考え、価値を高めるために必要な工夫を凝らしましょう**。

2 仕事の対象と目的、効果を考える

仕事では、高い価値を生み出すことが求められます。まず仕事に取り組む前に**その仕事を行った結果や、どのような効果を得たいのかを想像**しましょう。そして、その効果を最大化させる方法を考えれば、価値を高めるためのポイントや工夫などが見えてきます。たとえば、商品の販売促進イベントを企画する仕事であれば、「顧客」に「商品を認知してもらうこと」が目的です。さらに、その商品を使うことで、顧客が快適さや便利さを感じるなど「商品の価値が伝わる」「商品の売上につながる」ことが効果といえます。そうした仕事の対象や目的、メリットを押さえたうえで、集客方法や実施時期、イベントの流れなどを検討することで、メリットの実現に向けた打ち手が考えられるようになるのです。**価値の高い仕事を遂行し、組織に有益な価値を提供する「人財」**になることを目指しましょう。

パッと見てわかる！ 図解まとめ

仕事に取り組む前に「価値」を考える

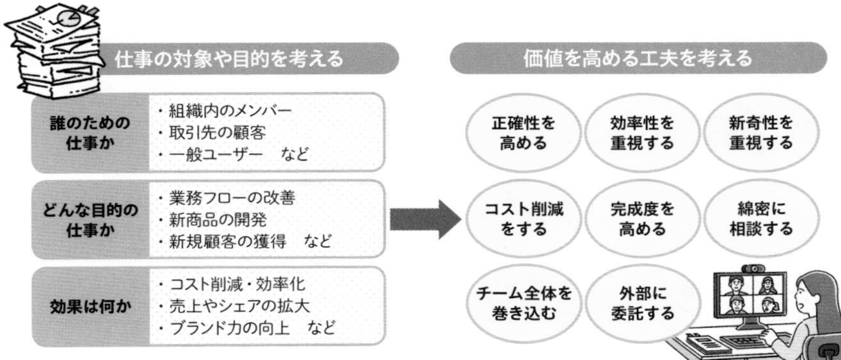

価値の高い仕事をするために意識して実践すること

・顧客や社会の変化に対応し、仕事の進め方を柔軟に変えていく
・同じ作業を行う場合でも、常に工夫と改善を試みるようにする
・仕事の各作業において、価値の高い部分と低い部分を見極め、低い部分は外注するなど高い部分に注力できるようにする
・周囲との協力や連携により相乗効果を生む方法を考える
・顧客や関係者にとって「メリットとは何か」を考える

ワンポイント アドバイス

仕事のとらえ方を変えるコツ

仕事の価値を考えるうえでは、仕事の先にあるゴールにどんな価値を見出すかが重要になります。それには、「３人のレンガ職人」の寓話が参考になります。
ある旅人が、３人のレンガ職人に「何をしているのか」を尋ねたところ、１人目の職人は「レンガを積んでいる」、２人目は「家族を養うために大きな壁をつくっている」、３人目は「歴史に残る大聖堂をつくっている」と答えたというお話です。
１人目の職人は目の前の作業だけしか見ていません。２人目は生活費を稼ぐことが目的です。そして３人目は、社会に貢献する仕事に関わっていると考えることで、モチベーションを高めています。このように、何を目的として、どんな価値を見出すかによって仕事のとらえ方も変わってくるのです。

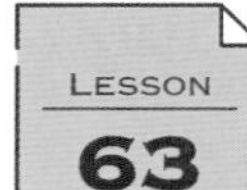

常に顧客視点で考える

ここがポイント！

❶ 相手のメリットという「顧客の視点」で考える
❷ 自分以外は全員「顧客」ととらえる

❶ 相手のメリットという「顧客の視点」で考える

仕事は、その**成果を受け取る相手がいて成り立ちます**。あなた自身の発意で、あなた自身のメリットのために行うことは、仕事とはいえないでしょう。仕事は常に、相手からの仕事の要請を受け、その要請に対して作業を行い、そしてその作業の成果を相手に届ける、という流れになっています。つまり、**相手の要請に応え、相手の望む成果を実現する**ことが仕事といえるのです。

そのため仕事は、自分の視点ではなく、仕事の成果を届ける**相手(顧客)の視点に立って考える**ことが大切です。たとえば、仕事で困難な状況があったとき、自分視点で「ここまで行えばよい」と考えるのではなく、顧客視点で「この仕事に求められていることは何か」を考えるのです。そうすれば、顧客の望む成果に近づけるための打ち手が見えてきます。

❷ 自分以外は全員「顧客」ととらえる

商品やサービスを届けるユーザーだけが「顧客」ではありません。仕事の成果を届けるチームのメンバーや上司、取引先、さらには外注先の担当者まで、**仕事に関わるあらゆる相手が顧客**といえます。メンバーや上司があなたの仕事に何を求めているかを常に考え、その要望に応えようとすることで、品質の高い仕事ができるようになるのです。外注先に対しても、顧客視点に立ち、担当者が作業をしやすいように説明や準備をすることで、あなたの要望に沿った成果をもたらしてくれるようになります。自分の都合ではなく、顧客の都合を優先して考えることで、関係者と良好な関係が築かれ、組織やプロジェクト全体として品質の高い仕事ができるようになります。

パッと見てわかる！ 図解まとめ

関係者や顧客がいて仕事が成り立つ

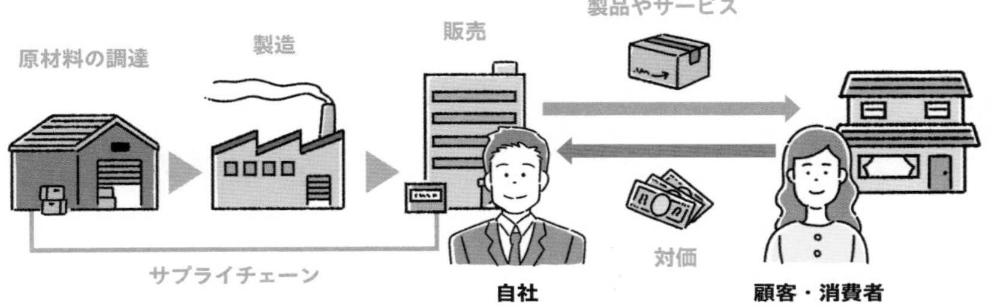

原材料調達や製造、販売などを行う担当者や、商品やサービスを届ける顧客がいて初めて仕事が成り立つ

相手の視点に立って考える

●仕事を受ける上司の視点に立つ

●仕事を依頼する外注先の視点に立つ

上司視点で仕事に求められることを考え、要望に応えるようにする

品質はどの水準？
納期はいつまで？
コストはどれくらい？
優先事項はどれ？

理解しやすい説明は？
期間はどれくらい？
コストはどれくらい？
作業しやすい準備は何？

外注先視点で作業依頼に求められることを考え、ていねいに対応する

顧客視点で考える方法

相手の視点に立つとは、言葉で言うのは簡単だが、実際には難しいもの。まずは「○○さんだったらどう考えるだろう？」「なぜ○○さんはこう言ったのだろう？」と普段から相手になりきって想像するクセをつけよう。そのうえで、仕事の依頼を受けたとき、確認のために質問をする習慣をつけるとよい。

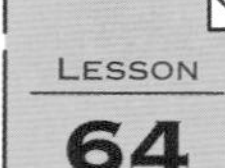

生産性と効率性を高める

1 コストを意識して生産性を高める

2 高い価値を生み出す仕事に注力する

1 コストを意識して生産性を高める

日本ではこれまで、品質向上や利益追求などのために、長時間労働になりやすい傾向がありました。しかし、人口減少による労働力不足や企業の競争力低下などにより、従業員一人ひとりが「生産性」や「効率性」を高めることが求められています。**生産性とは、行った作業がどれだけの価値を生み出したか**の度合い、**効率性とは、時間や費用などがどれだけ無駄なく使えたか**の度合いといえます。

あなたの給料がたとえ固定給でも、それぞれの作業には「かかった時間×時間給」のコストが発生していることを覚えておきましょう。このように、**各作業をコストを意識して生産性を高める**ことが大切です。

2 高い価値を生み出す仕事に注力する

生産性を高めるには、**高い価値を生み出す仕事に力を注ぐ**ことが求められます。そのために、事務的な作業を効率的に行う工夫も必要です。高い価値を生み出す仕事に取り組む際も、少ない時間で多くの成果を上げられるよう、単位時間の成果を上げることを意識しましょう。外注したほうがコストが低ければ外注を検討する方法もありますが、まずは自分自身の効率を高めます。このように、**できるだけコストを圧縮し、より多くの成果を上げる方法**を考えていきます。

「付加価値」を付けることも、生産性を高めることにつながります。付加価値とは、商品やサービスそのものの価値に、さらに組織や個人が独自に付け加えた価値のことです。たとえば、個人に対しては「作業がていねいで速い」「知識が豊富」「気配りができる」などです。自分なりの付加価値を高め、「〇〇を依頼するならこの人」と選ばれる人財になりましょう。

パッと見てわかる！ **図解まとめ**

コスト換算をして生産性を測る

●年収400万円で1日8時間、年間250日働いた場合

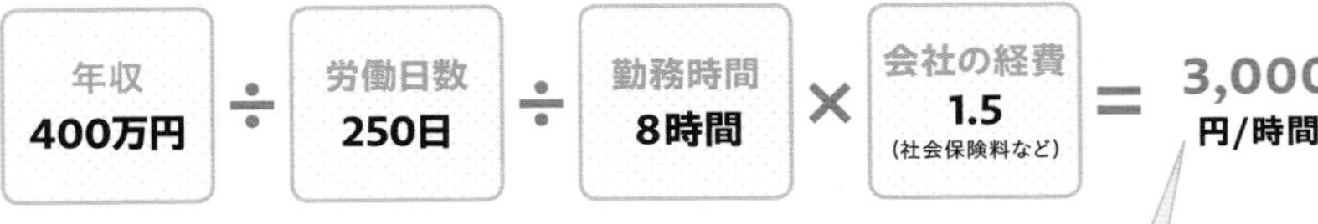

作業を1時間行うごとに3,000円のコストが発生することになる

たとえば「プレゼン資料作成」に6時間かかったとすると……

・取引先と市場の調査
・プレゼンのストーリーの検討
・裏付けとなるデータの収集
・プレゼン資料への落とし込み

事前のオリエンテーションにより取引先の調査を2時間短縮できたとすると……

3,000円/時間 × 4時間 = 12,000円

6,000円のコスト削減になる。外注費がこれより低い場合は外注も検討

（※あくまで概算による例）

自分1人ですべて行うことが必ずしもよいわけではない。単位時間の成果を上げることを考える

付加価値を付けて生産性を高める

付加価値	仕事の成果だけではなく、その人独自の価値を付け加えて顧客に価値を提供できる

付加価値の例

・資格取得者で信頼感がある
・作業がていねいで早い
・知識が豊富
・経験に即したアドバイスをしてくれる
・気配りができる
・専門の技術がある　など

・生産性が高まる
・品質が高まる
・信頼感が高まる
・固定客ができる
・リピーターが増える
・ファンが集まる　など

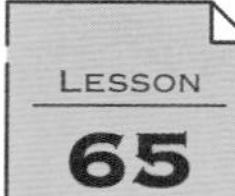

助け合える人脈を広げる

ここがポイント！

❶ 幅広い分野の人と関わりをもつ機会をつくる

❷ 相手の力になることを実践して信頼関係を築く

❶ 幅広い分野の人と関わりをもつ機会をつくる

「人脈」とは、**今後の仕事やキャリアに生かすことのできる「人のつながり」**のことです。現在の職場だけに限らず、他の組織で働く友人や、他業種の知人など、お互いに助け合える関係にある人も含まれます。

人脈が豊富にあれば、他部署の同僚から仕事の情報を得たり、他業種の知人からキャリアアップの支援を受けたりなど、ビジネスチャンスは広がりやすいといえます。しかし、人脈はすぐに築けるものではなく、仕事を長く続ければ増えるものでもありません。**組織の内外で意識的に人脈づくりを行うことが必要**です。

ただし、「この人は役に立つか」といった損得勘定で人脈を考えるのはお勧めしません。まずはその人自身に関心をもつようにし、**できるだけ幅広い分野にわたり、多くの人と関わりをもつ機会をつくる**ことが大切です。

❷ 相手の力になることを実践して信頼関係を築く

お互いに助け合う関係になるには、信頼関係が築かれていることが前提です。信頼関係を築くには、自ら進んで相手の仕事を手伝ったり、必要な情報を提供したりするなど、**相手の力になることを考えましょう**。見返りを求めずに支援する姿勢が、相手に好意的に受け入れられ、あなたを助けてくれるようになります。

人と関わる機会として、組織内では**社内イベントやランチミーティング、組織横断プロジェクト**などを活用しましょう。また組織外では、**ビジネスセミナーや異業種交流会**などに参加する方法があります。オフィス以外の場所で働く「テレワーク」が導入されていれば、**コワーキングスペース**で他業種の人と一緒に働くことで、人脈づくりのきっかけが生まれることもあります。

パッと見てわかる！ 図解まとめ

人脈を広げるためのステップ

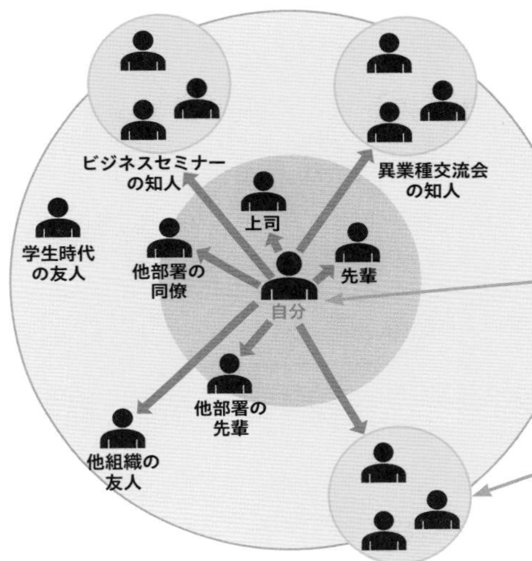

自分の強みや個性を把握する

- 仕事で成果を上げたことは何か。そのためにどんなことをしてきたか
- 自分の弱みを強みととらえられないか
- 先輩や同僚からどう評価されているか

▼

まずは自分の周囲から

- 仕事を着実にこなし、成果を上げ、周囲の評価を高める
- メンバーと協力し合う関係を維持する
- 自ら積極的に関わる

▼

外部で人と関わる機会をつくる

- ビジネスセミナーや異業種交流会への参加
- コワーキングスペースで働く
- 自ら積極的に関わることは同様

信頼関係を築くためのポイント

- その人自身に関心をもち、仕事に関することだけではなく、趣味や考え方など、さまざまな情報を交換する
- まずは見返りを求めず、自ら進んで自分にできることを実践する
- 名刺を渡すだけでは人脈は築けない。名刺交換をしたときの会話などで、お互いの人となりを知ることが大切
- 肩書きは変わるもの。肩書きではなく、その人自身を見て付き合うようにする

ワンポイント アドバイス

人脈づくりでは「ギバー(giver)」に徹する

どんな仕事も、その成果を受け取る相手がいて成り立ちます(P.148参照)。相手の要請に応え、相手の望む成果を届けることが仕事といえるのです。人脈も同様で、まずは自分自身が相手に必要とされ、相手の望む成果を届けなければ、関係は成り立ちません。相手に必要とされることで関係が紡がれていくのです。
この考え方は、期待や見返りを求めず、相手のことを考えて与えようとする「ギバー」と相性がよいといえます。自ら積極的に相手を支援するギバーであることが人脈づくりのポイントといえます。

PDCAで品質と効率を高める

ここがポイント！

1 検証と改善を行って仕事の品質と効率を高める

2 自分にとってワクワクするゴールもイメージする

1 検証と改善を行って仕事の品質と効率を高める

仕事は、きちんと**計画を立て、その計画に沿って実行し、実行した結果を検証して、改善に結びつけていく**ことが重要です。そうすることで、仕事の品質や効率が高まり、自分自身の成長にもつながっていくのです。このように仕事の品質や効率を高め、継続的に改善していく手法が「PDCAサイクル」です。

PDCAとは、Plan(計画)、Do(実行)、Check(検証)、Action(改善)の頭文字を取った言葉です。P→D→C→Aの順番で行い、最後のAを行ったら最初のPに戻って繰り返す(サイクル)ことで、継続的な改善や成長が期待できます。PDCAサイクルは、ただ単に繰り返すだけではなく、次の点を押さえて行いましょう。

P：現状を踏まえ、**目標とのギャップを見極めて計画を立てる**

D：計画を**具体的な作業(タスク)に分解して実行する**

C：実行した結果から、**達成度や計画の妥当性を客観的に検証する**

A：検証をもとに改善策を考える。**改善点が複数あるときは優先順位をつける**

2 自分にとってワクワクするゴールもイメージする

PDCAサイクルは、個別のプロジェクトで品質向上を図る場面や、チーム全体で意見を交わしながら業務改善を行う場面など、さまざまな仕事に活用できます。

PDCAサイクルの実践には、**「どんなゴールを目指すのか」というゴールのイメージ**をもつことも重要です。なぜなら、私たちは「何のためか」が明確でないと継続しにくいという特性があるからです。仕事では自分でゴールを設定できない場合もありますが、その場合も常に「そのゴールを達成するメリットは何か」とワクワクするようなゴールのイメージをもつことで継続しやすくなるのです。

パッと見てわかる！ 図解まとめ

ゴールに到達するためにPDCAサイクルを回す

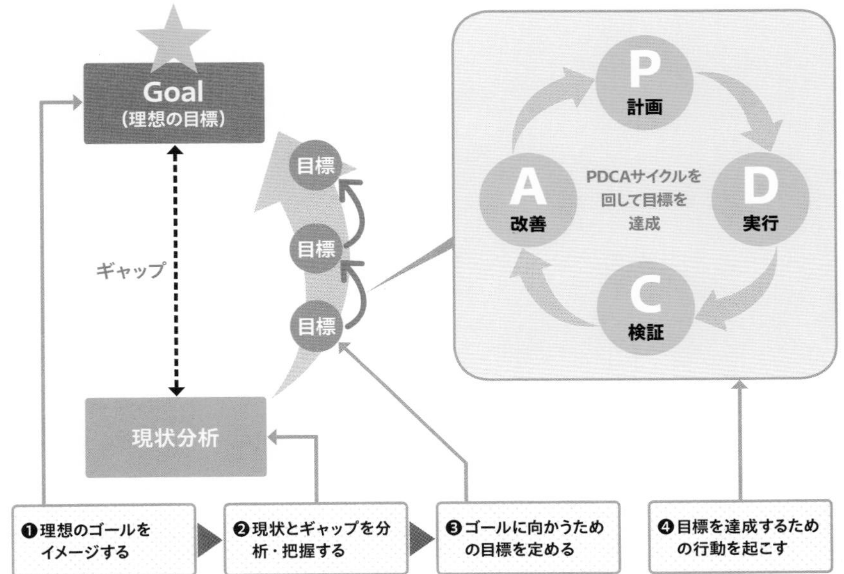

PDCAサイクルの実践例

1日の業務をPDCAサイクルを回して行う

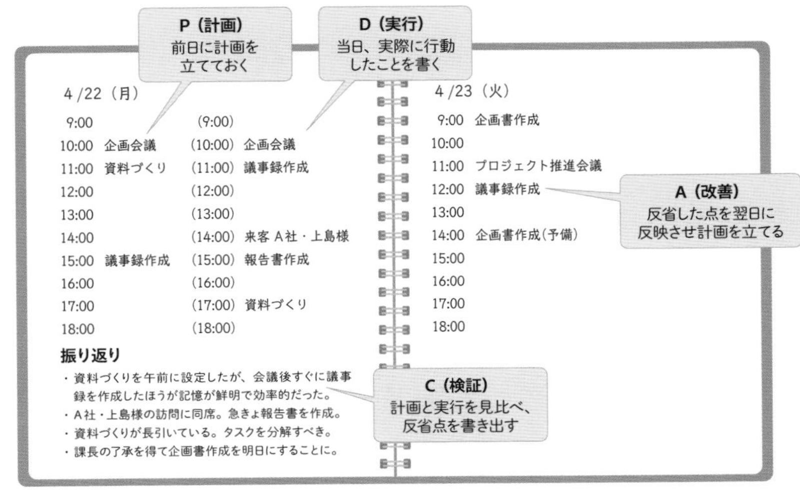

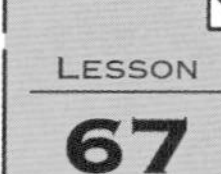

ワーク・ライフ・バランスを保つ

ここがポイント！

❶ プライベートが充実することでパフォーマンスが高まる

❷ 時間確保のために仕事の生産性を高めることが必要

❶ プライベートが充実することでパフォーマンスが高まる

仕事に慣れないうちは仕事に重心がかかりがちになり、生活やプライベート、趣味や娯楽などに気を配れないかもしれません。しかし、家族や友人と過ごしたり趣味に没頭したりする時間が充実すると、**仕事とのメリハリがつき、仕事のパフォーマンスも向上する**のです。そのため、仕事（ワーク）と生活（ライフ）の調和を意味する「ワーク・ライフ・バランス」の実践を意識することも大切です。

趣味を楽しんだり友人と関わったりすることは、仕事と異なる刺激や気づきをもたらしてくれます。実際、プライベートで得たアイデアや情報が仕事に役立ったという話はよく聞かれるものです。そして何より、仕事を抜きにした「ライフ」の時間が充実することで、英気が養われ、新たに仕事に向かうモチベーションが高まることが最も重要といえるでしょう。

❷ 時間確保のために仕事の生産性を高めることが必要

「ライフ」の時間を充実させるには、まず**「ライフ」の時間を確保**することが必要です。そのためには、**「ワーク」の時間の効率性を高め、短時間で多くの仕事をこなす方法**を考えなくてはなりません。定時で帰るため、仕事の段取りを工夫したり、類似する作業をまとめて行ったり、単純作業を外注化したりするなど、結果として生産性が高まることにつながります。

「ライフ」の時間はリフレッシュのための大切な時間です。ただ、だらだらと過ごすと、かえって疲れがとれないともいわれます。心身の調子を整えるためにも、**平日と変わらない生活リズムで過ごす**ことを大切にしましょう。また、自己研鑽の時間も確保するなど、**仕事に備える時間**であることも意識しましょう。

パッと見てわかる！ 図解まとめ

ワーク・ライフ・バランスの効果

ワーク
・オーバーワークにならない
・疲弊しにくくなる
・リフレッシュして仕事に向き合える
・仕事のパフォーマンスが向上する
・仕事への意欲が継続する

ライフ
・家族や友人と交流を深められる
・好きな趣味や娯楽を楽しめる
・心身にゆとりが生まれる
・新たな発想や考え方が生まれる
・キャリアアップの時間をもてる

ワーク・ライフ・バランスを保つポイント

仕事の効率を上げる
・オンからオフへの切り替えのルーティンを決める
・「19時以降は仕事をしない」などと決める
・「ワーク」の時間を抑え、効率性を高める工夫を考える（P.150参照）

組織の制度などを確認する
・年次有給休暇を積極的にとる
・ワーケーションなどの組織のワーク・ライフ・バランス策を活用する
・育児休業・休暇を活用する
・介護休業・休暇を活用する

定時後の時間を活用する
・資格学校への通学、セミナーへの参加などの自己研鑽の予定を組み込む
・学生時代の友人に会ったり、家族と食事をしたりする時間をつくる
・異業種交流会やボランティアなどに参加する

「休み方」を工夫する
・だらだらと休めばいいわけではない
・平日と変わらない生活リズムで過ごす
・心身の調子を整え、仕事のパフォーマンスを高めることを考える
・ルーティンで行うことを決める（料理など）

ワンポイント アドバイス

ワーク・ライフ・バランスを保つコツ

ワーク・ライフ・バランスを保ち、ワークだけではなく、ライフも充実させるためのコツとしては、自分なりのストレス解消法を見つける、趣味をもつ、仕事以外のつながり（ネットワーク）をもつといったことが挙げられます。仕事と同様、生活にも重きを置き、自分の大切に思えることを考えて実践していきましょう。

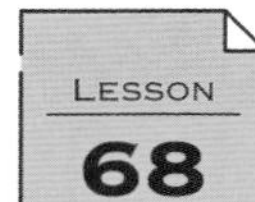

自己投資でスキルアップを図る

ここがポイント！

❶ 自己投資で自分の価値を上げる

❷ 時間と費用を捻出してコツコツと続ける

❶ 自己投資で自分の価値を上げる

日々の仕事に取り組むことで少しずつスキルは蓄積されていきますが、それは周囲のメンバーも同様です。与えられた仕事に対してプラスαの価値を考える習慣をつけるとともに、**意識的に自己投資**をして自己研鑽をしましょう。

専門分野の講演やビジネスセミナーを受けたり、異業種交流会などのイベントに参加したりするなど、組織外での学習や経験はスキルアップにも役立ちます。業務に関連する資格の取得に挑戦するのもよいでしょう。幅広い分野から教養を身につけることができ、人脈も広がっていきます。

インプットした知識や経験は、業務に生かしたりSNSなどで発信したりして、積極的にアウトプットしていきましょう。そうすることで、自分自身のスキルの定着につながり、周囲からの評価も高まります。

❷ 時間と費用を捻出してコツコツと続ける

自己投資を行うためには、時間と費用がかかります。1か月単位で自己投資の費用を確保したり、週に2日は定時で退勤して資格取得の学習をしたりするなど、自分が続けやすい方法で時間と費用を捻出しましょう。

自己投資は緊急度(P.82参照)が高いものではないので、日々の業務に追われると、なかなか実践できません。無理のない範囲で先に予定に組み込んでおき、**退勤後の時間や休日を利用してコツコツと続けていく**のがよいでしょう。

費用の捻出では、組織の雇用保険に加入していれば、**教育訓練給付制度**の指定講座を選んで一部の受講費用を返還してもらう方法もあります。組織がスキルアップのための支援制度や研修などを設けていれば積極的に利用しましょう。

パッと見てわかる！ 図解まとめ

スキルアップの効果

知識　経験　効率化　資格　技術
スキルアップ

効果
- 生産性の向上
- 専門性が高まる
- できる仕事が増える
- 活躍の場が広がる
- 評価が上がる（組織内や取引先など）
- 自信がつく
- モチベーションが上がる　など

パーソナルブランディング
- 他のメンバーとの差別化が図れる
- 昇進・昇格の可能性　など

キャリアアップ
- 新規事業の立ち上げ
- 独立・転職　など

スキルアップのための自己投資の流れ

目標を立てる
- どんな人財を目指していきたいか
- そのために「何を」するか

服飾の接客販売の例
- どんな接客販売員になりたいか
- 6月までに色彩検定2級を取得する

現状のスキルを把握
- 取得している資格
- 業務の習熟度
- 不足しているスキル

スキルの棚卸し
- GLOWモデル（P.80参照）で現状を分析
- PDCAサイクル（P.154参照）で実践する計画を立てる

行動する
- 目標を小さく分け、着実に達成できるようにする
- 必要な費用を確保する
- 行う時間を先に予定に組み込む
- 継続の動機付けとして自分へのご褒美を考える

教育訓練給付制度とは

対象者：組織などの雇用保険に加入している人

内　容：スキルアップやキャリアアップのために国の指定を受けた教育訓練を受講・修了した場合、講座受講料の20～70％を国に補助してもらえる

対象講座：約14,000講座。内容はプログラミング、簿記、英語検定、介護福祉士、税理士、大学院修士課程などバラエティに富む

仕事の基本を
ひとつひとつわかりやすく。

【監修】
松本昌子
（株式会社Woomax）

【編集協力】
株式会社エディポック　松原 ヨーコ　秋下 幸恵

【イラスト】
種田 ことび

【ブックデザイン】
山口 秀昭（Studio Flavor）

【DTP】
株式会社エディポック

【企画・編集】
徳永 智哉

①